Nicholas S. Barnett

GPS FOR YOUR ORGANISATION

[如何为
组织导航]

[澳]尼古拉斯·S.巴内特 —— 著　　胡牧 等 —— 译

地震出版社
Seismological Press

图书在版编目（CIP）数据

如何为组织导航 /（澳）尼古拉斯·S.巴内特著；胡牧等译. -- 北京：地震出版社，2020.12
书名原文：GPS for Your Organisation
ISBN 978-7-5028-5172-9

Ⅰ.①如… Ⅱ.①尼… ②胡… Ⅲ.①企业管理—组织管理学 Ⅳ.① F272.9

中国版本图书馆 CIP 数据核字（2020）第 001882 号

Nicholas S. Barnett GPS for Your Organisation
ISBN978-0-9870849-3-4
Copyright © Nicholas S. Barnett 2012
All rights reserved.
First published in the English language by Major Street Publishing Pty Ltd.
Simplified Chinese rights arranged with Major Street Publishing through R&T Publishing Co.Pty Ltd and Seismological Press.
由 Major Street Publishing 首次以英文出版。R&T 出版有限公司、Major Street Publishing 与地震出版社共同拥有简体中文版权。

著作权合同登记　图字：01-2020-5282
地震版　XM4541/F(5891)

如何为组织导航

［澳］尼古拉斯·S.巴内特　著
胡牧等　译
责任编辑：李肖寅
责任校对：王亚明

出版发行：**地震出版社**
北京市海淀区民族大学南路 9 号　　邮编：100081
发行部：68423031　　68467993　　传真：88421706
门市部：68467991　　　　　　　　传真：68467991
总编室：68462709　　68423029　　传真：68455221
证券图书事业部：68426052　　68470332
http：//seismologicalpress.com
E-mail：zqbj68426052@163.com

经销：全国各地新华书店
印刷：北京柯蓝博泰印务有限公司

版（印）次：2020 年 12 月第一版　2020 年 12 月第一次印刷
开本：880×1230　1/32
字数：111 千字
印张：6
书号：ISBN 978-7-5028-5172-9
定价：55.00 元

版权所有　翻印必究
（图书出现印装问题，本社负责调换）

社会各界的赞誉

　　本书提供了简单实用、便于操作的建议和想法，介绍了如何使公司的使命、愿景、价值观和战略保持一致，以确保上至董事长下到基层员工，都会朝着共同目标齐头并进。本书催人奋进，能为促进组织发展提供锦囊妙计。我强烈推荐本书。

——澳大利亚国民银行总裁　彼得·艾奇逊

　　本书解决了大多数传统愿景、使命和价值观引发的问题。它为领导者利用GPS原则创新管理方式提供了指南；为GPS原则融入组织行动、思想和文化，进而提高组织效率提供了实用的指导。

——国泰航空公司领导者　格雷厄姆·巴克斯

组织领导力错综复杂。本书框架清晰明了，必将受到优秀领导者的青睐。任何专注于成功的组织，无论是公司、政府部门还是非营利性组织，都将对本书爱不释手。

——澳大利亚地方政府官员　彼得·琼斯顿

本书不仅阐述了明确公司愿景以及设置富有挑战性的黄金目标的重要性，还就如何实现愿景和黄金目标提出了行之有效的建议。对于从事战略规划或运营规划的人而言，它应成为案头必备之作。

——富邑葡萄酒有限公司战略与业务发展总监　凯迪·麦克纳马拉

尼古拉斯·巴内特将多年企业领导的成功经验融入这本实用的领导者指南，为高管打好商业战略基础提供了帮助。本书内容涵盖了组织愿景、目标、核心价值观、阶段目标等。我诚恳地推荐给那些渴望建立高效组织的高管们。

——澳洲私人医疗保险公司全首席执行官　乔治·萨维德斯

社会各界的赞誉

在规划年度战略的过程中,许多组织迷失了方向,致使员工们花费了大量的宝贵时间却一无所获。尼古拉斯·巴内特撰写的这本宝典框架简单清晰,既有关键的技巧——用以帮助组织制订自己的愿景、目标和价值观,又给出了衡量一个组织是否成功的简单方法。本书能够对战略规划和预算运营起到指导作用,提高组织的效率。

——澳大利亚人力资源研究所总裁兼主席 彼得·威尔逊

致　谢

本书耗时两年写成。在写作本书期间，我有了许多新的发现，也学习到了很多东西。感谢敦促、鼓励、支持、帮助过我的人。

特别感谢家人的支持和帮助。大女儿伊丽莎白设计了英文版封面字体；儿子安东尼设计了本书英文版的封面、布局和所有图表；小女儿萨拉为较早版本的手稿绘制了许多图表。

感激我的妻子丽莎给予我永恒的爱、支持、鼓励和耐心。在撰写本书的过程中，在整个婚姻生活中，她对我始终如此。

彼得·约翰斯通促成了本书的撰写，并审阅了初稿。彼得·弗朗西斯、伊恩·艾略特和比尔·朗给予了我指导和启发。读者的期待也推动着我专注于完成本书。

书稿写作早期，路易斯·斯威兰德给了我极大的帮助和启发，后来她还帮我重新编排了本书的导读部分。梅根·德雷奇担任了本书的编辑，令我受益匪浅。

感谢我的执行助理玛格丽特·罗杰斯，感谢她辛勤的文字录入与排版工作，感谢她多年来对我的帮助、支持和鼓励。

特别感谢那些阅读本书并不吝赞美的朋友——彼得·艾奇逊、格雷厄姆·巴克斯、彼得·琼斯顿、凯迪·麦克纳马拉、乔治·萨维德斯和彼得·威尔逊，尤为感谢肯·布兰查德为本书撰写了精彩的序。

感谢珍妮特·利、尼尔·康宁、珍妮弗·达布斯，以及我的同事德·麦高文、杰姆斯·加里克、莫里·查普曼和萨曼莎·格林，感谢诸位乐意阅读本书手稿，感谢给予我鼓励与建议。

此外，我还要感谢Major Street出版社的莱斯利·威廉姆斯，感谢她在本书写作和出版过程中给予我的鼓励和灼见。

序

肯·布兰查德[1]

领导做得越久，我越坚信两件事。

第一，领导必须指明方向。倘若不能让员工明白公司的前进方向和工作要求——或者说长期方向、目标、战略以及价值观不清不楚——所谓的领导便一无是处，组织效益和员工满意度必定堪忧。

第二，除非员工有目标可循，诸如催人奋进的愿景或是值得追求的目标，否则他们可能只顾谋取自身利益。在

---

[1] 肯·布兰查德博士，美国著名的商业领袖，管理寓言的鼻祖，当代管理大师，情景领导理论的创始人之一，最富有洞察力的学者。他于1979年创立肯·布兰查德公司（KEN BLANCHARD），曾帮助许多公司进入全球500强。他是杰出的演说家、成功的企业顾问、国际畅销书作家，曾荣获国际管理顾问麦克·菲利奖。他与斯宾塞·约翰逊合著的《一分钟经理人》高居《纽约时报》和《商业周刊》畅销书排行榜前列。他的书销售了上百万册，被译为超过25种语言在全球发行。肯·布兰查德被誉为当今商界最具洞察力、最有权威的人之一。

全世界的各行各业中，我们都看到过领导和员工自私自利所带来的负面影响。

意识到这两点后，我拜读了《如何为组织导航》这本书，也了解了作者尼古拉斯·巴内特。我深深相信，身为管理者的读者通读此书，可以拓宽视野、团结员工、吸引顾客。成功制订GPS原则后，公司的运营会顺畅许多，老顾客赞誉公司，回头客只增不减，利润大大增加。GPS原则并不是速成法，但若因原则的制订而改进公司的工作作风，公司将会"全速前进"，超越竞争对手。

感谢尼古拉斯的"指导和定位原则"。只要成功制订合适的GPS原则，我们都可以一举成为成功的管理者。

前 言

我之所以撰写这个小册子,是因为我热衷于帮助公司制订清晰明了的长期目标以激励员工,并将其纳入公司愿景、目标和价值观,亦即组织指导和定位原则(Guidance and Positioning Statement,GPS原则)。看到公司将GPS原则纳入其计划、信息、思维、文化和基因中,我会感到更加精力充沛。

作为一家信息技术与通信服务公司的首席执行官,我利用本书中的原则,令公司收入在五年内增长了十多倍,总资产超过3亿美元。虽然三分之一的增长额是通过收购实现的,但三分之二是由员工带来的。他们满怀热情、恪尽职守、精明能干、锐意进取,将公司打造成了澳大利亚首屈一指的信息技术与通信服务公司。

此后,我运用这些原则帮助数十家公司规划出其所期望的未来。那些遵循这些原则的公司通过投入情感和智力上的努力赢得了丰厚的投资回报。

公司将精准清晰的目标融入计划、信息传递以及思维模式当中，可以增强员工积极性、提高文化生产力。见证这一过程何尝不是一种荣幸？精准清晰的目标为公司和员工创造出双赢的局面，让公司和员工都能提高生产效率、赢得利润，进而实现目标。

持"零和博弈"态度的领导不乏其人，认为员工有所牺牲，公司才能有所盈利；反之，员工有所获益，公司必将有所损失。如果公司不采取有建设性的策略激励员工，即便短期内可能会获得经济收益，但从中长期看定会遭受损失。

我参与并见证了数百家公司绩效文化、员工参与度和公司氛围的评估工作，清楚地知道方向明确、领导鼓励和员工敬业所能产生的影响。我也明白如果情况相反会发生什么，公司或员工都不会乐意看到相反的情况发生。

大量研究结果表明，公司制订明确的目标和员工的高参与度能够提高绩效，增强盈利能力。

世界日益错综复杂，员工每天都会受到数百条内外消息的轰炸，他们需要明确知晓公司的长期目标，以便能够在工作中充满自信、大胆决策，努力实现符合每个员工利益的共同目标。

唯有如此，员工才有空间大放光彩，充分发挥自己的

前　言

潜能。

　　设立确切不变的价值观也能为员工积极行事奠定坚实基础。员工知道什么可为、什么不可为，不必猜测老板或同事是否持有异议。核心价值观的统一可以确保公司上下一致、理念相同。

目 录

导 读 / 1

第一章 三个泥瓦匠的故事 / 7

  泥瓦匠甲 / 9

  泥瓦匠乙 / 10

  泥瓦匠丙 / 10

  想一想 / 11

  文化、领导力和信息传递能力 / 13

  测一测 / 16

第二章 为什么要采用"导航系统"？ / 17

  密切关注既定目标 / 19

  GPS 原则是组织的核心原则 / 21

  检测 GPS 原则的有效性 / 21

  测一测 / 24

如何为组织导航

第三章　高效 GPS 原则的好处　/　25

　　明确如何打造组织文化　/　29
　　密切关注组织的利益相关者　/　30
　　偏离正轨大多始于微末　/　31
　　测一测　/　32

第四章　GPS 原则的框架　/　33

　　哪个为先：愿景、计划抑或行动？　/　36
　　GPS 准备阶段的问题　/　37
　　确保所有内容协调一致　/　39
　　制订、传达和贯彻 GPS 原则的全过程　/　41
　　测一测　/　42

第五章　GPS 原则 1：愿景　/　43

　　愿景的定义　/　45
　　墓碑测试　/　45
　　愿景是 GPS 原则的基础　/　46
　　于组织或国家、世界而言　/　46
　　展望未来　/　47
　　简单易记，催人奋进　/　48
　　充分讨论，严谨思考　/　48
　　微言良效　/　49
　　目标还是行动　/　50
　　组织愿景之股东收益　/　51
　　组织愿景的更多案例　/　52
　　测一测　/　54

目 录

第六章　GPS 原则 2：核心目标　/ 55

　　核心目标的定义　/ 57

　　触及核心目标　/ 57

　　个人目标之成就伟大　/ 58

　　组织受益于核心目标　/ 59

　　目标要有意义　/ 60

　　有益于客户或其他人　/ 62

　　憧憬更加美好的未来　/ 62

　　核心目标案例　/ 63

　　测一测　/ 65

第七章　GPS 原则 3：核心价值观　/ 67

　　核心价值观的定义　/ 69

　　至关重要　/ 69

　　塑造组织文化和基因　/ 70

　　高度契合　/ 71

　　价值观别具一格　/ 72

　　内外视角　/ 73

　　简单易记　/ 73

　　想象一下，将核心价值观注射到组织文化中　/ 74

　　平衡组织特色与绩效发展　/ 74

　　风险文化强劲　/ 75

　　吸引力和排斥力　/ 76

　　更多与核心价值观有关的案例　/ 77

　　测一测　/ 79

如何为组织导航

第八章　GPS 原则 4：黄金目标　/　81

　　黄金目标的定义　/　83

　　旅途的中间站　/　84

　　如何确立黄金目标　/　84

　　与其他 GPS 原则协调一致　/　85

　　有期限的目标催人奋进　/　86

　　宏伟、艰难和大胆的目标（BHAG）　/　87

　　与黄金目标有关的案例　/　87

　　测一测　/　89

第九章　GPS 原则 5：企训　/　91

　　企训的定义　/　93

　　为何要制订企训　/　93

　　与其他 GPS 原则协调一致　/　94

　　企训实例　/　95

　　注意事项　/　97

　　测一测　/　98

第十章　制订和阐明 GPS 原则　/　99

　　制订组织的 GPS 原则　/　102

　　阐述 GPS 原则　/　103

　　成文　/　104

　　切勿不切实际　/　105

　　认真对待传达给员工的消息　/　106

　　测一测　/　108

目 录

第十一章　GPS 原则的传达和融入 / 109

传达 GPS 原则 / 111

确保 GPS 原则相互一致且融入组织是一个持续的过程 / 112

融入 GPS 原则 / 113

视野 / 116

确保主要信息相互协调 / 116

测一测 / 118

第十二章　领导力的重要性 / 119

并非只是人力资源团队的任务 / 121

员工也是监督者 / 122

领导团队必须团结一致 / 123

关于清晰愿景的交流多多益善 / 124

诚信第一，服务至上 / 125

测一测 / 127

第十三章　董事会或理事机构的角色 / 129

董事会或理事机构的角色 / 131

愿景和核心目标 / 132

核心价值观 / 133

黄金目标 / 134

企训 / 134

一致性 / 135

测一测 / 136

第十四章　检测 GPS 原则的有效性　/　137

　　GPS 原则的积极影响并不一致　/　139

　　检测 GPS 原则的有效性　/　140

　　测一测　/　143

第十五章　不同组织和部门的 GPS 原则　/　145

　　初创组织　/　148

　　政府部门及组织机构　/　149

　　子公司和各部门　/　149

　　测一测　/　151

第十六章　想象一下完美的 GPS 原则　/　153

　　完美的 GPS 原则，值得追求　/　155

　　测一测　/　157

附　录　/　159

　　附录一　各条 GPS 原则的定义　/　160

　　附录二　GPS 有效性五项测试　/　161

　　附录三　GPS 准备阶段问题　/　162

　　附录四　确保 GPS 原则相互一致且融入组织　/　164

　　附录五　一个完美的案例　/　165

导　读

知晓目的地，就不会迷失方向。

——赫本·哈恩

　　全球定位系统（GPS）是一个非常出色的系统，对汽车导航十分有用。只要输入目的地的地址，GPS就会在每个路口指明方向。即便汽车偏离了路线，它会很快重新规划路线，导向既定目的地。

　　不过，倘若连自己的目的地都不知道，那么无论GPS有多高端，都无法提供任何导航。

公司的组织指导和定位原则

　　公司的组织指导和定位原则（GPS原则）比汽车GPS导航系统还要有用。将行之有效的GPS原则作为自查自纠系统纳入公司中，可以为公司指明"目的地"。它将为领导者做出公司主要决策指明方向，并为所有计划、项目、流程、行动和信息传递提供指导。如果员工偏离正轨，GPS原则会将他们重新导向所选目的地。此外，它还将指导员工的行为，帮助塑造公司的基因与文化。

GPS原则的理论基础来源于诸多卓越的研究报告、相关主题的文章和书籍，以及笔者30余年来与非营利性组织和政府组织打交道的从商经验。组织GPS原则是建立在大量研究成果之上的，这些研究表明以下事实。

具有明确的长远目标及具有认同感的公司可以做出更好的决策。这些公司更容易支持、激励、鼓舞员工，这有助于公司提高文化生产力和增强凝聚力，形成组织弹性，保持最佳绩效。

相反，缺乏明确的长远目标和认同感的公司很可能使员工迷茫困惑、犹豫不决、意见不一、难以自主、目光短浅、缺乏紧迫感，容易产生怀疑、恐惧等情感。这样的公司战略和策略效果不理想，员工参与度低，最终导致生产力和绩效下降。

GPS原则应由五项内容构成，每项内容不得超过30字。这样一来，所有员工都能很容易地记住GPS原则的内容。这五项GPS原则如下。

导 读

　　GPS 1　愿景：您希望公司在五到十年的时间内以及十年以后在他人眼中有怎样的形象？——地位

　　GPS 2　核心目标：公司存在的实质原因是什么？为何要实现所设定的愿景？——原因

　　GPS 3　核心价值观：为了实现愿景和核心目标，必不可少的价值观是什么？——方式

　　GPS 4　黄金目标：为了实现愿景，公司在三到五年内最能鼓舞人心的合适目标应该是什么？

　　GPS 5　企训：用几个词描述公司的独到之处或服务内容。

　　人们常说，员工需要的是罗盘，而不是考核表。公司的GPS原则就是罗盘。公司愿景是方向罗盘，指向明确清晰和引人入胜的目的地；公司核心价值观则是情感罗盘，为员工行动和行为指明方向。

　　公司的所有计划、项目、流程、决策、行动、行为和消息传递都将与GPS原则保持一致并有所关联。GPS原则将成为公司的核心信息，成为其他信息、计划和行动的切入点或参考点。它要重点描述公司如何致力于创造文化凝聚力和提高生产力。

　　大多数公司花费太多的时间、精力和财力在创建和传

达市场营销及其他外部消息上,却很少为员工提供有关光明未来的信息,而这些信息应该清晰明了,能够鼓舞人心、激励员工。更为糟糕的是,大多数公司向员工传递诸多"重要"消息时,经常缺乏一致的核心消息或适当的长期愿景,使得员工搞不清究竟什么比较重要。

想象一下,几个人一同被扔到湖中央的一艘小船上,每个人仅有一只桨。这些人肯定会讨论如何尽快划到岸边以及最好朝着哪个方向划桨,达成一致意见后,大家一定会朝着同一方向拼命划桨。假设这些人就最佳划桨方向没有达成一致意见(虽然不太可能),决定各划各的,瞬间就会发现自己和团队在做无用功。随后,大家不得不重新达成一致意见,往一个方向划,劲儿往一处使。

划桨方向就和GPS原则一模一样。如果希望激励员工集中精力、努力工作,共同朝着选定方向前进,那么所有员工代表都应该参与到讨论和制订GPS原则的工作中来。虽然制订和认同GPS原则需要大量的智力和情感投入,但这将会是公司所做的最好的投资之一。

GPS原则应该下达给员工并纳入入职系统、绩效管理和考核系统中,纳入其他所有流程、计划、项目、决策、行动和重要信息的传递中。GPS原则必须永葆生机和活力,得到认同,并在公司首席执行官和领导团队的想法和行动中有所体现。没有GPS原则，公司将无法精准传达引人注目的重要信息。

董事会和理事机构为公司的长期方向、目标、战略和价值观承担最终责任。他们应该认同并支持公司的GPS原则，还应该确保GPS原则能够准确下达、上行下效，并融入公司的基因和文化中。

至于GPS原则的下达和理解效果以及融入程度，可以通过精心设计的一致性和参与度调查来衡量。系统性组织问题和特定领域问题应该予以确认并进行处理，以确保重新获得一致性。

本书结构

本书是一本领导者手册，或者说是一本用户指南。因此，读者并不需要从前到后逐页翻阅，您可以选择阅读当下与自己息息相关的章节。但是，了解书中的所有概念及其之间重要的相互关系更有裨益。

本书中使用的主要定义、框架和其他重要材料都可在附录中找到，附录五是GPS原则的完整示例。

注意事项

如果读者并不认同GPS原则，仅欲使用本书的框架和原则作为激励员工的速成法，那么效果可能会适得其反，因为员工会把这些原则视为儿戏，甚至可能认为仅是表面功夫而已。

但是，如果读者认同并十分郑重地采用本书的框架和原则，那么您的员工会有所感知。如果您言行一致，员工一定会听从您的领导，最大限度地支持您和公司。

第一章
三个泥瓦匠的故事

态度决定一切。
　　　　——温斯顿·丘吉尔

下面这则三个泥瓦匠的小故事对理解本书的框架和原则大有裨益。

泥瓦匠甲

在某建筑工地，组织心理学家威廉询问泥瓦匠甲在做什么。

泥瓦匠甲擦去额头上的汗水，扬起脸透过太阳镜看着威廉，说："关你什么事？"威廉说自己正在进行一项有关泥瓦匠的调查研究。泥瓦匠甲一边往墙上放砖一边说："难道你没看到吗？我在一块块地砌砖！"说完，他便继续忙碌起来。威廉记下他的回答后接着问："为什么你要砌砖呢？"泥瓦匠甲回答说："我得挣钱养家啊。每砌一块砖，挣2美元呢。"他一边说着，一边糊上一层砂浆，又放了一块砖。威廉记录完他的回答后说："非常感谢。祝你工作顺利。"

泥瓦匠乙

威廉来到另一个建筑工地,遇到了泥瓦匠乙,他和泥瓦匠甲一样正在砌砖。威廉问泥瓦匠乙:"先生,打扰了,能告诉我你在做什么吗?"泥瓦匠乙站了起来,挺直了腰板,答道:"我和我的工友都是出色的砌墙好手。我们正在砌墙呢。"威廉接着说:"确实,我看到你们砌得非常好,但你们为什么要砌墙呢?"泥瓦匠乙弯下腰,伸出左手拿起一块砖,说道:"我和工友们都是出色的砌墙好手,我们非常喜欢砌墙。每砌一块砖,赚2美元呢。在这儿可是相当不错的薪水了。"威廉记下了他的回答后,说:"非常感谢您,祝您开心。"

泥瓦匠丙

威廉又去了第三个建筑工地,看到泥瓦匠丙和前两个泥瓦匠一样正在砌砖。威廉问泥瓦匠丙:"师傅,打扰一下,您在做什么呢?"泥瓦匠丙有点不习惯有人来访。他站了起来,伸了伸腰,说道:"我是施工队里的头儿,这儿最好的教堂都是我们施工队建的。我和工友们负责给教堂砌墙。墙可是大教堂最重要的部分,结构复杂的建筑都是靠墙支撑哩。"

威廉有点吃惊地说:"恭喜你们呀,你们的工程进行得有条不紊,将来一定会建成一座顶级的大教堂。是什么让您留在这儿砌墙的呢?"泥瓦匠丙挺起胸膛,答道:"我们施工队即便不是这个国家独一无二的顶级团队,也算得上是一流的了,能在这里工作我很自豪。我每天上班都很享受,很开心能与其他建筑工人一起工作。"他接着说道:"我在这里待遇很好,工资也高,每砌一块砖,能赚2美元呢。"威廉同样记下了他的回答,并致谢:"愿您工作顺利,度过美好的每一天。"

想一想

威廉在问完三个泥瓦匠后,列出了如下这些问题。

您更希望哪个泥瓦匠在您的组织中工作?

回答这个问题并给出原因。

哪位泥瓦匠表现出的工作自豪感最为强烈?

关于这个问题,大家一致认为是泥瓦匠丙。当然,泥瓦匠乙也表现出了一定的工作自豪感。

哪个泥瓦匠和其他建筑工人的合作更融洽？

同样，大家一致认为是泥瓦匠丙，因为泥瓦匠丙不仅有全局意识，而且心怀建造顶级大教堂的梦想。

泥瓦匠乙能和砌墙的工友融洽合作，但可能与从事其他工作的建筑工人关系平平。虽然泥瓦匠甲可能在工地上也结识了几个工友，但他的职业眼界狭隘，不知道自己在整个施工队中的位置，很可能和其他泥瓦匠关系平平。

哪个泥瓦匠最有可能使用劣质墙砖，而不是弃之不用？

大多数人认为，泥瓦匠甲一心只想砌砖赚钱，因此，他可能不太关心墙砖的质量。而且，挑出坏砖会拖慢进度，耽误他挣那2美元。

但是，为工作感到自豪的泥瓦匠丙则会留意，找出每块坏砖并将其放在一旁，以确保自己在团队里的工作有助于建造出宏伟的大教堂。他明白自己在实现这个宏伟目标的过程中应扮演什么角色，也知道自己的工作对于组织的成功何等重要。

哪个泥瓦匠可能会为组织创造更多的价值？三位泥瓦匠创造的价值量会有明显差异吗？

大多数人认为泥瓦匠丙会为组织创造更多价值，而且和其他工友的合作会最融洽。他最有可能与工友合作，提前做出规划，确保砌出来的墙与教堂的其他部分协调一致。

大多数人同样认为，泥瓦匠丙所创造的价值和所做出的贡献，会大大影响其他建筑工人的职业生涯以及竣工成果，如令大教堂的安全使用年限大大延长。与泥瓦匠甲所在团队相比，泥瓦匠丙所在施工队建造的大教堂所需的维护成本可能会更低。

您的组织中的员工主要是哪种类型的呢？甲、乙还是丙？

回答这个问题并思考原因十分重要。

在您的组织的各部门中，各类型员工所占比例是否不同？为什么？

认真考虑并回答这个问题。

像泥瓦匠丙这样的员工会乐意为您和您的组织工作吗？

考虑这个重要问题并做出回答。如果答案不那么肯定，请思考原因。

文化、领导力和信息传递能力

泥瓦匠甲与泥瓦匠丙的工作观念之所以存在差异，可能主要是因为如下这些原因。

·他们的性格和人生观不同。

·组织领导力、信息传递能力或组织文化不同。

- 其他原因。

就以上问题，我们询问了许多人。所有人都觉得造成差异的部分原因可能是两位泥瓦匠具有不同的性格和人生观，但主要原因其实是组织文化、环境以及领导力和信息传递能力不同。

假设把泥瓦匠丙的工作观念和态度主要归因于其所在组织的组织文化、领导力和信息传递能力，那么接下来较为重要的问题是：

组织如何发展其文化、领导力和信息传递能力，以确保培养出泥瓦匠丙型员工而不是甲型员工呢？

本书介绍了领导及领导团队应如何打造组织文化，改善领导力和信息传递能力，从而使尽可能多的员工具备与泥瓦匠丙一样的工作态度。发展GPS原则对形成建设性的组织文化起着关键作用。高效的GPS原则能够形成建设性文化，促使组织明确发展方向，从而吸引更多的泥瓦匠丙型人才进入组织工作。

领导者要竭尽所能吸引和发展泥瓦匠丙型人才，确保组织中泥瓦匠丙型人才人数最多，这一点至关重要。即使扩大泥瓦匠丙型人才比重不能获取额外的好处，但这些员工会发觉工作更有意义、更有活力，会获得更多的参与感和成就感，这本身就是组织的一个重要目标。吸引和发展泥瓦匠丙型人才，是良好领导力的体现，是组织理所应当做的事情。

如果您在组织中使用本书中的理念和原则，组织中的大多数员工会认同GPS原则并成为泥瓦匠丙型人才，但少数员工可能无论如何都不买账，继续做泥瓦匠甲型员工。

知人善任的领导者应该明白，并非所有员工都有兴趣成为泥瓦匠丙型人才，并认同组织的发展计划。如果有些员工不愿与组织并肩同行，那就请他另谋高就，这样利己利人。

测一测

1.与组织领导团队讨论以下问题。

a.组织中的员工主要是哪种类型的呢？甲、乙还是丙？

b.造成泥瓦匠甲型员工和泥瓦匠丙型员工行事不同的主要原因是本组织的文化、领导力和信息传递能力吗？

c.为了最大限度地增加组织中泥瓦匠丙型员工人数，组织可以采取什么措施？

d.泥瓦匠丙型员工愿意为领导和组织工作吗？理由何在？

2.不要将本书的框架和原则用作激励员工的速成法。

3.如果部分员工不支持和遵循组织新制订的GPS原则，那么就和他们说再见吧。

第二章
为什么要采用"导航系统"?

> 一个人如果能够自信地向前追梦,并且为过上渴望的生活不遗余力,他就会与成功不期而遇。
> ——亨利·戴维·梭罗

密切关注既定目标

在全球定位系统发明之前,农民要想在一大片农田里耕种,只能从田头开始,一边持续注视着远处的参照物,一边朝着参照物笔直前进。一旦农民的视线脱离了参照物,那么在到达农田的另一端之前,他可能得来来回回地折腾。农民知道,持续注视远处的参照物十分必要,唯有如此,拖拉机的前进路线才能保持平直,以确保自己在田里来回耕作的时候既不会遗漏太多,又不会重复劳动。

组织领导者不妨向耕地的农民学习,持续关注既定的长期目标,同时保证妥善处理日常事务和活动。

如果领导者长时间不参照、不关注长期目标,那么难免会偏离方向,甚至意识不到组织已经脱离轨道。

高效的GPS原则可使组织领导者明确聚焦组织的目标。将GPS原则融入组织后,它将为组织内部所有的主要项目、流程、决策、行动、行为以及信息传递指明方向。

组织领导者在GPS原则引导下做出的各类决议大小有

别，种类繁多。这些决议针对的问题举例如下。

- 组织的首席执行官应当具备哪些经验、技能和特质？
- 我们应该兼并X组织还是收购Y组织？
- 我们是否应该将业务扩展到其他地区或国家？
- 新建总部应当采用何种设计标准？
- 我们是否应该增设新部门或研发新产品，以拓宽业务范围？
- 我们应该采用网络分销策略吗？如果采用，应当用何种网络分销形式呢？
- 我们应该提供比竞争对手更长的保修期吗？
- 新的客户订购系统应当具备哪些重要特征？

某组织采用GPS原则后不久，一区域经理在做某一重要决策时向首席执行官寻求帮助。首席执行官没有告知其合适的决策，只是反问道：如果一个组织有相同的目标和核心价值观，那其会怎么做？区域经理恍然大悟，很快给出了答案，随后挂了电话。由此可见，只要明确了组织的目标及核心价值观，决策者常常可以不需要通过询问上司意见，就能做出最合适的决策和行动。

GPS原则是组织的核心原则

许多组织总是下发一条又一条的重要通知，却没有一致的主题，缺乏确定性的指导或立足点。而且，各部门领导传达的重要信息各不相同，往往都没有核心主题。这让员工困惑不已，无所适从。

高效的GPS原则通常只有30字左右，是构建所有其他信息的核心和基础。

所有重要信息都必须与组织的GPS原则相一致。如果组织真正形成了自己的GPS原则，那么所有员工都将知晓如何在GPS原则指导下传递重要信息，做出重要决策和行动。

检测GPS原则的有效性

大多数人习惯制订或阅读组织愿景宣言、使命宣言和价值观宣言。这三种宣言由来已久，但遗憾的是，制订愿景宣言、使命宣言和价值观宣言的定义和方法各不相同，且没有多少真正有用。虽然许多组织将其愿景、使命和价值观宣言挂在墙上展示，但很少有组织将其真正融入信息传递、计划、决策、行动或文化中。

有效的GPS原则要通过如下五项测试，每条GPS原则需通过前两项测试，作为一个整体的GPS原则还需要通过后三项测试。

1.GPS原则是否清晰明了、简单易记？

2.GPS原则能否调动、鼓舞、激励员工，使他们集中精力？

3.GPS原则能否让您所在的组织从诸多竞争对手中脱颖而出，增加组织的竞争优势？

4.GPS原则能否指导您所在的组织传递主要消息、制订计划、遵循流程、做出决策、采取行动？

5.如果组织的主要信息、计划、项目、流程、决策、行动和行为偏离正轨，GPS原则能予以提醒并有根据地重新指明方向吗？

如果现有的愿景宣言、使命宣言和价值观宣言确实行之有效，能够调动、鼓舞、激励员工，那么说明这些宣言满足了以上五项测试中的全部或大部分要求。通过遵循本书推荐的流程，这些愿景宣言、使命宣言和价值观宣言可能会为组织所用并使组织保持活力。

如果您将本书中所述的愿景、使命和价值观称作愿景、核心目标和核心价值观，并沿用书中的定义和制订流程，那么，您将会受益的。

但在定义与检测过程、制订流程以及融入过程方面，GPS原则有别于大多数愿景宣言、使命宣言和价值观宣言，如表2-1所示。

表2-1 GPS原则与大多数愿景宣言、使命宣言和价值观宣言的区别

不同之处	GPS原则	大多数愿景宣言、使命宣言和价值观宣言
目标、愿景的焦点	组织想要展现的形象和希望取得的成果	组织想要做什么
核心价值观的定义	核心价值观对完成组织目标十分重要	核心价值观对组织领导团队十分重要
各部门的定义	定义清晰，联系紧密	定义不同
组织特征	非常重要	很少提及
有效性测试	五项测试	测试方法各有不同
融入程度	完全融入，所有项目、流程、决策、行动和行为都与GPS原则相一致	虽经常实施，但融入程度不高

测一测

1. 与领导团队讨论决定信息内容及其传递方式，告知员工什么重要，什么不重要，并举出有效消息和无效消息的例子。

2. 讨论是通过五项测试指引组织走向光明未来的GPS原则好，还是领导各自传递重要信息好。

3. 使用附录五中的方法，与领导团队一起按照GPS原则有效性测试给组织当前的GPS原则（或愿景、使命和价值观宣言）打分，满分为10分。

第三章
高效 GPS 原则的好处

如果你不知道要去哪里，
任何道路都行得通。
——刘易斯·卡罗尔

方向不明的后果不堪设想，方向明确的益处不胜枚举。随着当前变革步伐的不断加快，拥有清晰的方向变得尤为重要。

唯有方向明晰，分布式领导模式才能蓬勃发展，组织委派重任时才更有把握。组织采用分布式领导模式前需要明确组织的长期发展方向和目标，以便组织决策者有足够的权力和信心放手作为。领导者的决策以明确的长期发展方向和目标（即条理分明的GPS原则）为基础，并与其保持一致。

几十年前，许多人终其一生只为一个组织工作，组织与员工忠于彼此。如今，员工先后为三五家、十多家组织工作的现象屡见不鲜。在这种趋势下，社会日益复杂多变，明确组织方向变得更为重要。

高效的GPS原则令组织的长期发展方向明确，益处良多；低效的GPS原则令组织的长期发展方向不明，后果严重。其对比见表3-1。

表3-1 高效与低效GPS原则的对比

高效GPS原则	低效GPS原则
长期发展方向明确	长期发展方向不清
知晓何谓可为	不知何谓可为
专注于长期目标	目光短浅
有使命感和认同感	人情淡漠
笃信不疑	迷茫困惑
一以贯之	前后不一
信心十足	恐惧疑虑
思维清晰、条理分明	头脑不清、逻辑混乱
果敢决策	优柔寡断
紧迫感	拖延症
赋予员工权力	剥夺员工权力
应变能力强	应变能力弱
组织文化有活力（包括强劲的风险文化）	组织文化状态不佳（包括恶劣的风险文化）
员工参与度高	员工参与度低
员工满足感和成就感高	员工满足感和成就感低
发掘员工潜力	浪费员工潜力
生产力提高	生产力下降
长期高绩效	长期低绩效
高股东收益	低股东收益甚至亏损

高效GPS原则和强劲的组织文化，最终会为组织带来长期高绩效和高股东收益。这是其显而易见的好处。

许多研究表明，组织越团结，员工越投入，生产力水平和利润就越高。这是显而易见的。

明确如何打造组织文化

高效GPS原则能够形成充满活力的高效率文化，这是它最重要的好处之一。表3-1中提到的大多数高效GPS原则的优点都对塑造、变革组织文化有着深远影响。

董事会、首席执行官和领导团队应当以身作则，实践组织的愿景、核心目标和核心价值观，从而明确如何塑造、变革组织文化。他们的领导力和信息传递将会产生意想不到的影响。

他们应确保核心价值观完全融入组织的绩效管理和考核系统。践行组织核心价值观的模范员工应该予以嘉奖，不合规范的做法应酌情处理。

经常有报道说某组织如何通过改变组织制度、政策或增加培训来处理风险行为、性骚扰、擅自行动等问题。此类情况下，组织往往花费数百万美元去解决麻烦。然而，问题的症结并不在于制度、政策不完善或培训不够，而在于组织文化过于消极，产生了负面影响。这时，组织往往会谴责员工，却不会采取问责制度。

虽然文化隐于无形，难以量化，但与组织的成败息息相关。

密切关注组织的利益相关者

通常情况下，投资者、捐赠者等利益相关者不希望看到组织缺少目标或者突然改变方向。对于始终如一、富有热情且坚持清晰目标的组织，利益相关者更乐于参与，并给予更大的支持。

如果投资者、捐赠者和其他利益相关者认为组织突然改变方向，从而误导或背叛了自己，那么他们难免心存芥蒂，需要很长时间才能重拾对组织的信任。

相反，方向明确、未来可期的组织，支持者会越来越多。

偏离正轨大多始于微末

多数组织是在不知不觉中偏离了既定长期目标的。它们进行收购，拓宽业务领域或开展新项目，却没有意识到这些对贯彻GPS原则有长期且不利的影响。

一些组织还会任命新的首席执行官或业务经理，实施新的业务流程或引入新的激励机制，而没有意识到这些变化可能会对组织的核心价值观和文化逐渐产生负面影响，因为它们可能与组织拟定的发展方向背道而驰。

日复一日，这些微小变化积少成多，导致组织在几年后偏离轨道。这一过程通常被称为"任务或价值位移"（mission or values drift）。

贯彻高效GPS原则的组织不会偏离正轨，因为它们将不断调整愿景和核心目标，使之不断融入所有的信息传递、决策及行动过程。

测一测

1.与领导团队讨论，您的组织能够从本章所述的高效GPS原则中获得哪些好处。

2.讨论您的组织的利益相关者在多大程度上认可GPS原则所描绘的光明未来。

3.讨论您的组织可能偏离正轨的时间、情况和程度。

4.列出组织可以采取哪些行动，以避免偏离正轨。

第四章
GPS 原则的框架

比追求确定性更重要的是追求清晰度。
——弗朗索瓦·戈蒂埃

GPS框架（表4-1）主要分为四个模块，显示了组织的整体环境以及每条GPS原则适用的时间维度。下文将对此进行详细阐释。

表4-1　GPS框架

GPS原则	模块
GPS1 愿景	第1模块：长期目标（五到十年甚至更长时间）
GPS2 核心目标	
GPS3 核心价值观	
GPS4 黄金目标	第2模块：中期目标（二到五年）
GPS5 企训	
战略计划	
商业计划、预算	第3模块：年度目标
日常行动	第4模块：日常目标

第1模块：此模块为GPS框架最重要的模块，分为三部分（GPS 1、GPS 2、GPS 3）。这三条GPS原则被统称为组织的长期目标。所谓长期，是指五到十年甚至更长的时间。本模块的清晰度越高，就越容易制订和调整下层的模块。

第2模块：主要包括黄金目标和企训，它们是组织战略计划不可或缺的部分。黄金目标是最为恰当的中期目标，可使组织愿景更明确，使员工更具有紧迫感。中期是指两到五年的时间。企训描述了组织的独特之处或其服务内容。战略计划将推动商业计划进一步沿着框架发展，并且与框架顶层的组织长期目标高度一致。战略计划还将为组织愿景增添实质性内容。

第3、4模块：这两个模块包括本年度的商业计划、预算以及组织的日常行动。它们从框架上方各模块中发展而来，并与其保持一致。

哪个为先：愿景、计划抑或行动？

有人认为，组织必须先确定愿景和核心目标，才能确定战略或商业计划。这一说法在很大程度上是正确的，但外部环境和组织的核心竞争力、独特之处、竞争优势，也是组织愿景和核心目标的重要决定因素。

GPS框架的每个模块必须相互协调一致。如果组织的愿景不切实际，那么计划将会落空，员工也会连连受挫。

在某些情况下，确保各个GPS框架模块协调一致的最佳方法是反复检查，不断调整，直到满意为止。这样一来，GPS原则就确定下来了，并且成为其他部分的基石。

GPS框架顶层模块的内容（愿景、核心目标和核心价值观）一经确定，便能推动下层模块的发展，而不是受下层模块的推动而发展。

GPS准备阶段的问题

如果清楚了解组织的日常行动、商业计划，尤其是战略计划，那么制订高效的GPS原则就更加得心应手。在制订GPS原则之前，不妨先简要回答下列15个问题。

下列问题是按照GPS框架的顺序从下至上提出的，以战略性问题为主。

日常行动（内容、方式、对象及地点）

1.为实现长期目标，组织主要开展了哪些活动？

2.组织主要通过何种方式开展上述活动（例如个人模式、经销模式、互联网模式、内部员工模式、承包商或第三方模式）？

3.组织开展上述活动的对象是谁（即主要客户是谁，主要市场在哪）？

4.组织开展上述活动的范围主要涉及哪些地区（本地、全国、周边国家或全球）？

商业计划、资源

5.要想在未来一年内取得成功,组织需要获得哪些附加资源(例如资产、知识产权、专业知识等)?

战略计划(福利)

6.如果组织活动开展得十分顺利,组织的主要客户会获得哪些好处?

7.如果组织活动开展得非常顺利,除客户外,哪些机构、协会和团体也会受益?请说明它们将如何受益。

8.与哪些机构、协会或团体合作能让组织利益最大化?请说明主要好处。

战略计划(主要驱动力)

9.除了净利润之外,还有哪些衡量标准与组织的成功息息相关?

10.组织的主要核心竞争力是什么?

11.为实现长期目标,组织需要在哪些方面做到出类拔萃?

战略计划(差异化)

12.组织的主要竞争对手是谁?请说明竞争对手的独特之处。

13.与竞争对手相比,组织为客户提升附加值的方法有哪些?

14.为什么组织比竞争对手收益更佳,生产力更高(例如工作量相同时成本更低，人均销售额更高）？

15.考虑上述情况，组织可以通过哪些方式将自己与竞争对手区分开来？

明确组织成功的关键动力是什么，组织应该给客户带来何等利益以及如何让自己脱颖而出，对于制订与组织息息相关的高效可持续的GPS原则至关重要。

如果您所在的组织是初创组织，或者正打算做出重大战略调整，您需要回答以上15个问题，前提是组织已经开始执行新计划。

回答这些问题时，要斟酌措辞，做到言简意赅。最好先打草稿，再写下最终答案。

这些问题的答案示例详见附录五。

确保所有内容协调一致

GPS框架的顶层内容与下层内容应该协调一致。日常行动需要体现商业计划和战略计划，制订商业计划和战略计划时也要考虑日常行动。

一旦制订出GPS原则，您应该回顾之前的答案，检查这些答案是否与GPS原则相匹配。

如果不匹配，您需要更改答案，直到GPS原则设定的计划和行动相互一致。

确保GPS框架的各模块内容协调一致，如表4-2所示。

表4-2 检查GPS框架的各模块内容是否协调一致

协调？	GPS1 愿景 GPS2 核心目标 GPS3 核心价值观 GPS4 黄金目标 GPS5 企训 战略计划 商业计划、预算 日常行动	一致？

在检查GPS原则是否协调一致时，应该思考以下问题。

1.协调？

GPS框架顶层模块的内容是否相互照应？它们是否与下层模块相互协调？只有在GPS原则初次制订或更新时，才需要思考这些问题。

2.一致？

GPS框架下层模块的内容是否相互匹配？它们是否与上层模块相互一致？这些问题需要得到持续关注。

3.时间和频率？

每三到五年评估一次GPS原则是否仍然合适，以下情况除外：

- 组织员工明显不了解或不支持当前的GPS原则；
- 组织刚刚经历了一次重大变革，例如兼并、收购、大规模撤资或裁员；
- 组织刚刚经历所有权变更、首席执行官换任、领导团队大变动，导致发展方向改变或精神风貌焕然一新；
- 组织的运营环境发生了重大变化，例如市场因素、竞争对手、法律法规、合作伙伴或其他利益相关者发生了变更。

作为主要战略评估工作的一部分，评估GPS原则是制订新战略计划的重要一环。这项重大评估工作将涉及组织未来五到十年甚至更长时间内的方向设定。它还将涉及如何确保组织的所有计划、项目、流程、决策、行动和信息与组织新设定的长期方向、目标及战略计划始终保持一致。

制订、传达和贯彻GPS原则的全过程

制订、传达和贯彻GPS原则的全过程如图4-1所示。本书后续章节将详述过程中的每一步。

制订 → 阐述 → 成文 → 传达 → 融入

图4-1　制订、传达和贯彻GPS原则的全过程

> **测一测**

1.与领导团队探讨GPS原则准备阶段问题的答案。最好先打草稿,再简要写下最终答案。

2.检查上述问题的答案是否有表达不清之处,确认领导团队成员对答案意见一致。

3.根据上述问题的答案,讨论当前的GPS原则是否与战略计划、商业计划或日常行动协调一致。

4.找出不一致的地方,商量解决办法。

5.讨论组织是否拥有自己的核心竞争力,所拥有的竞争优势是否具有可持续性。

第五章
GPS 原则 1：愿景

想得到，便做得到；有梦想，就能成真。

——威廉·亚瑟·沃德

- GPS 1：愿景
- GPS 2：核心目标
- GPS 3：核心价值观
- GPS 4：黄金目标
- GPS 5：企训

愿景的定义

愿景指的是希望组织在五至十年时间内展现的外部形象。

愿景关乎组织的走向，也关乎他人眼中的组织形象。如果想让别人高看，那么组织就要成绩斐然。愿景关乎的是成果，而不是计划或活动清单。如果愿景只是赘述组织将要做什么，就不可能让组织在同行竞争中脱颖而出。

墓碑测试

为了帮助您了解自己的人生意义，您可以想象您的墓碑上会刻着什么样的词（罗列四至十个词）。换言之，您想以怎样的方式被世人记住？这个问题最有力，也最深刻。

制订组织愿景类似于提前设想墓志铭，如果有一天组织成功了，别人会怎样看待您的组织？

愿景是GPS原则的基础

愿景是指组织的终点或归宿，意味着他人眼中的公司形象。它全面生动地描述了组织的理想未来。GPS原则的其余部分都与之相关。

GPS 2至GPS 5都应以愿景为出发点，并与愿景保持一致。

· GPS 2，即核心目标，列明组织想要实现愿景的原因。

· GPS 3，即核心价值观，指的是实现愿景所必需的价值观。

· GPS 4，即黄金目标，指的是最为合适的中期目标，也是顺利实现愿景的重要目标。

· GPS 5，即企训，指的是组织或其服务内容的独到之处。

于组织或国家、世界而言

许多组织将愿景（有时称作"远景"）描述成组织为服务范围内的国家或地区，乃至整个世界所做出的贡献。这些组织认为只要自己足够成功，便能做出巨大贡献。虽然听起来鼓舞人心，但是除非组织的贡献具有主导性和唯一性，否则愿景是不会帮助组织脱颖而出的。

此类愿景更像是在讲"宏图伟业",而非真正的组织愿景。例如"人手一台电脑""全员享有经济适用房"等都是宏图伟业,这些目标仅靠一己之力恐怕难以实现。这就是为何组织愿景的定义着眼于组织自身及其追求的组织形象。组织愿景描述了组织在未来受到外界交口称赞的原因。

展望未来

要想阐明组织愿景,组织成员需要展望未来并敢于大胆想象。通常,组织要预想未来五至十年的发展情况。对于初创组织来说,预想三到五年的情况可能更加容易。年头更长的大型组织则至少需要考虑未来二三十年的发展。

展望未来时,目光要长远,不应局限于当前的活动,也不应过于保守,只考虑未来几年内的发展情况。实用的句式可以提升思想层次,譬如"如果我现阶段的梦想都能成真的话,接下来我要……""如果我能使用魔法的话,我会……"。这些说法可让思维大步向前,而不是囿于现状,小步行进。

简单易记，催人奋进

组织愿景必须简单易记，切勿赘述或包含太多概念。当愿景精简到无字可删时，才算表达清楚了。

如果组织愿景很完善，它将吸引、激励、团结员工朝着目标前进，并成为员工采取行动的催化剂，成为员工都会支持和跟随的风向标。

愿景除了要激励人心，还要切实可行。当然，从短期、中期来看，愿景会显得遥不可及。

充分讨论，严谨思考

许多公司尚未充分讨论计划流程，认真思考行动结果，就确定了愿景和计划。成立新公司之前，认真思考可以带来更多的时间效益和成本效益。

一些年轻的企业家在创业之初，计划在澳大利亚打造可与黄页和易贝网相匹敌的企业，可谓雄心勃勃，初生牛犊不怕虎。详细研究了黄页和易贝网的情况后，这些年轻企业家才算明白，做到有辨识度且能与那两家巨头比肩谈何容易。

发现为买卖双方提供最大的商品服务平台的愿景不切实际后，这些企业家将愿景改为"澳大利亚家庭需求品的最大供应商"，并相应地建立自己的商业模式和计划。这一转变虽然看似微乎其微，但意义重大。

他们的关注焦点从服务供应商的宣传及分销需求转向家庭需求，这一调整大大改变了原有的组织计划。在充分讨论和认真思考原计划可能导致的结果后，他们重新制订了商业计划，从而增加了成功的机会。

微言良效

思考以下两个愿景中"信息技术"一词所带来的差异："欧洲领先的信息技术服务供应商""欧洲领先的服务供应商"。

二者有天壤之别。愿景中包含与不包含"信息技术"的公司针对GPS原则准备阶段问题的答案和策略截然不同。简简单单的一个词，却影响巨大。

许多组织能从减少项目数量、提高项目质量中受益匪浅，有些人称之为主导利基市场。许多研究表明，成为一个或某个细分市场的专家比涉猎广而不精能得到更高的投资回报率。

利基市场，或者说组织希望占据主导地位的细分市场，需要在愿景中明确说明。这样做能保证公司在愿景的指导下稳步前进，并且提醒偏离方向的员工，引导他们回到正轨。

目标还是行动

许多愿景只描述了组织将具体做些什么，这并不会让组织脱颖而出。此外，这类愿景不太可能吸引、激励或团结员工。

愿景需要描述打造什么样的企业，树立什么样的形象，而不是将要开展什么样的活动。前者更有可能吸引、激励、团结员工。

在组织应该树立什么样的形象这个问题上，愿景或多或少会包含如下内容："我们要成为……的领军企业""我们希望被外界看作最……""我们希望成为成本最低的……""我们希望成为……界的麦当劳""我们想要成为最值得信赖的……""我们希望成为最高效的……"。

其他内容可以是对项目或行业的精确描述（如信息技术招募）和组织希望实现其愿景的地理范围（如洛杉矶、加利福尼亚、美国乡村、全美国、全球）。

组织愿景之股东收益

一家澳大利亚大公司称，其唯一的长期目标就是为股东谋取丰厚利润。该企业声称，为了实现这一目标，其已经形成了一种高度集中且纪律严明的独特商业文化。

许多组织都有类似的愿景。有些组织还将其与黄金目标相结合，例如，每五年让股东收益翻一番。

尽管其中一些组织取得了成功，但这种成功能否长期持续仍有待观察。它们唯一的目标是为股东带来令人满意的收益，但这一目标并没有完全通过GPS原则的五项测试。这种愿景不太可能吸引、激励或团结员工，很容易造成优秀人才的流失。此外，这种愿景难以帮助企业从竞争中脱颖而出或为其主要决策提供指导。

如果这些组织也制订了核心目标（GPS 2），那么核心目标恐怕只是取悦股东。这样只会打击员工的积极性，不可能激励员工。

组织愿景的更多案例

第一章中的泥瓦匠丙为一家有远大愿景的组织工作，该组织的愿景是成为本国最好的施工队之一，泥瓦匠丙因此受到了鼓舞。由此可见，如果组织愿景简单易记、切实可行，则可以很好地激励人心。

上述"欧洲领先的信息技术服务供应商"的例子是"微言良效"的很好例证。

还有一些公司将愿景描述成未来计划，虽然表达得很清楚，但是不够激励人心。反之，美国西南航空公司将愿景描述为"打造……的企业""树立……的形象"，致力于成为"低成本航空公司"。

西南航空领导团队有许多典型实例，说明"体贴"的员工如何改善客户体验。例如，有员工提议在长途航班中提供免费的土豆沙拉。为此，首席执行官和领导团队总是问他们："请告诉我们这项服务对实现我们'低成本航空'的愿景有什么作用？"这样的做法令西南航空公司在愿景指导下稳步前进，并提醒偏离方向的员工，引导他们回到正轨。

这些组织因目标清晰而受益匪浅。但有些愿景更像是在讲"宏图伟业"，而非真正的公司愿景。例如某家企业初定愿景时，声称渴望成为"21世纪治愈人类疾病的主要推动者之一"。主要利益相关者坚信这一愿景切实可行，尽管短期内无法实现。

十余年后，一旦组织成就斐然，组织的外部形象会是什么样的呢？组织利益相关者谈论这一问题时，脸上会是什么表情呢？也许，有的相关人士会激动不已。

测一测

在制订及阐明组织愿景时,要确保:

· 描述所预期的组织外部形象,而不仅仅局限于短期计划;

· 愿景简洁清晰——删除不必要的词语和概念;

· 抓住员工的心理和思维,以鼓舞人心;

· 具有独特性,使组织出类拔萃;

· 评估组织愿景通过GPS原则有效性测试的情况。

第六章
GPS 原则 2：核心目标

成功之秘诀乃是目标之有恒。
——本杰明·迪斯雷利

GPS 1：愿景

GPS 2：核心目标

GPS 3：核心价值观

GPS 4：黄金目标

GPS 5：企训

核心目标的定义

核心目标指的是成立组织以及实现组织愿景的核心原因（即创立目的、当前目标以及未来五至十年或更长时间的恒定目标）。

为股东赚钱或赢得丰厚回报，或许是组织的目标之一，但不应该是核心目标。核心目标必须贯穿组织的核心和灵魂，是组织成立的原因。

触及核心目标

不少企业家在创业之初，通常会写好详细的公司运营方案，拟定公司名称。

起初，这些企业家认为组织的核心目标就是让自己发家致富，当被问及发家致富能否贯穿组织的核心和灵魂，成为组织存在的理由时，他们依然回答："当然能。"

有人继续向他们提问:"等你们成了千万富翁,会把公司关掉吗?"这些人立刻回答:"当然不会,如果我们的公司成功了,那就能够帮助本地社区发展壮大起来。"他们一致认为,公司的核心目标是帮助发展壮大本地社区,一旦公司取得成功,财富也就随之而来了。

讨论过后,企业家们变更了公司名称,因为之前选定的名称有悖于现有的核心目标。

这突出了高效GPS原则的作用和另一个准则,即GPS原则应清晰地表明,一旦与GPS原则不一致的内容出现,就需要对该内容做出调整。

找到核心目标的另一种方式是"反复问为什么"。这如同一层一层地剥开洋葱,首先问自己:"为什么要这样做?"得到答案A之后,再问:"那为什么要做A呢?"得到答案B之后,再问:"那为什么要做B呢?"反复问答,直到发现核心或深层原因。

个人目标之成就伟大

引导年轻人行之有效的做法是,问他们活在世上的理由是什么。许多人表示从来没有考虑过这个问题,接着提启发性问题：你们活在世上是为了成就伟大吗？会甘于平庸？大多数人会说自己活在世上是为了成就伟大，不会甘于平庸，尽管现实中大多数人活得并不出彩。

接下来再问他们更想把哪句话刻在墓碑上：是"弗雷德是社会的贡献者"，还是"弗雷德是社会的寄生虫"？大多数情况下，他们会慷慨激昂地选择前者，尽管大多数人的现实表现趋于后者。

受到启发后，年轻人开始深入思考这些问题，意识到要使自己的言行与内心深处的核心目标协调一致，于是开始改变自己的行为。

组织受益于核心目标

与年轻人一样，组织也需要制订核心目标。组织由员工组成，除了必需的睡眠，员工的大部分时间都用于工作。如果组织制订了有价值的核心目标，将更有可能吸引、激励和团结员工。

令人遗憾的是，与许多员工的情况类似，很少有组织认真思考过核心目标，且鲜有组织试图阐述核心目标并将其转化为促进员工行动的关键驱动力。

然而，一旦组织制订、阐明并实现了核心目标，组织及其员工就能步入新境界、发现新意义、获得新动力。

组织只有制订了适用于自己的核心目标，才能领会到核心目标的影响力。这些目标可以提高工作动力、员工参与度和生产力。

许多人希望为志趣相投的公司效力。表述清晰的核心目标能够提高组织内部员工的凝聚力。

凡是领悟到核心目标影响力的组织，通常会通过故事阐明核心目标，强调其重要性。譬如，其会讲述许多关于客户和受助者的真实故事，然后点明故事和组织核心目标之间的关系。

目标要有意义

几个世纪以来，金钱只能起到短暂激励员工的作用。当员工年岁渐长，有了一定的积蓄后，金钱将魅力不再，难以继续激励大多数员工。然而，只要坚定不移地奉行有意义、有价值的核心目标，无论员工年龄大小、积蓄多少，都会被核心目标长期鼓舞。

很多商业组织的目标对于客户和社区意义重大，但能够发现和阐明这种驱动力的组织屈指可数。譬如，一家大型连锁超市的核心目标是为社区提供最为实惠的日常必需品。这样一家公司的在职和潜在雇员会认为这样的核心目标意义重大。

保险公司的核心目标可能是保护客户免受毁灭性的重大意外损失。同样，许多在职和潜在的员工都认为这样的核心目标对客户和社会都有重大意义。

发现和阐明组织的核心目标需要投入时间和精力，但这个过程可以带来丰厚的回报。非营利性组织通常更容易发现其核心目标。这些组织因其具有非营利性，能够更容易地阐明存在的价值和目的，并相应地吸引、激励员工及利益相关者。

与慈善工作者交谈，询问他们为何从事慈善事业，是一种荣幸。许多人说他们希望人人都能够幸福，社会能够保持和谐。这种强烈的使命感常常会贯穿人的一生。即使是如此坚定的个人信念，也需要与组织的核心目标协调一致。

许多慈善机构和援助组织充分利用有意义或有价值的目标来鼓舞人心。然而，如果过度关注日常工作而没有将GPS原则纳入其中并保持活力，即使是慈善机构也会丧失目标。

有益于客户或其他人

核心目标要兼顾外部利益，不仅要为组织及其员工带来利益，还要为客户、客户的客户、社区或其他利益相关者带来利益。

GPS准备阶段问题中有关客户和其他人利益问题的答案，能为组织找到核心目标提供线索。

憧憬更加美好的未来

奥地利神经学专家和精神医学家维克多·弗兰克尔在他的畅销书《活出意义来》中说：知道"为什么"的人通常也知道"怎么做"。维克多·弗兰克尔本人就是如此，他曾在纳粹集中营中饱受摧残，但得以幸存。

美国心理学家和哲学家威廉·詹姆斯说："人生的最大意义在于用有限的生命去追求永恒。"詹姆斯认为，有意义的人生目标能够留下超越生命的宝贵财富。

美国作家和励志演说家约翰·麦克斯韦尔说："如果未来没有希望，当下就没有动力。"这句话反过来说也有道理。有价值的目标和对光明未来的憧憬将激励人们披荆斩棘，走向成功的彼岸。反之，如果人们看到的不是未来的希望，而是厄运和黑暗，那么他们肯定不能驶向远方，甚至可能早早放弃。

核心目标案例

撰写本书时，我是Insync Surveys的董事长。Insync Surveys的核心目标是"帮助各组织提高效率"。Insync Surveys通过为各组织提供员工、客户和董事会调查以及相关咨询服务来实现这一目标。

Insync Surveys团队的动力是帮助各组织提高效率。由于与各董事会、领导团队、员工和客户组织都有合作，Insync Surveys团队积攒了众多能够帮助各组织提高效率的成功案例。

某组织的领导团队在讨论核心目标时，将其定为"提高身体健康水平"。进一步磋商后，大家认为"减轻痛苦"比"提高身体健康水平"更符合组织的核心目标，也更加有力。如果再加上"不必要"一词，将核心目标改为"减轻不必要的痛苦"，则更能增强紧迫感，起到激励作用。

西太平洋银行的愿景是成为澳大利亚和新西兰首屈一指的金融服务公司，其将核心目标表述为帮助每一位客户实现财务目标。

葛兰素史克公司称其核心目标为"使命"，即通过增强体质、延年益寿来提高人类生活质量。

第六章 GPS原则2：核心目标

测一测

1.请您与领导团队花时间和精力阐明核心目标，并尽最大努力让更多员工参与到商讨之中。

2.确保您的核心目标直击关键点，尽可能让客户和其他利益相关者受益，而不是只考虑组织和员工。

3.通过GPS原则有效性测试，确定核心目标。

4.核心目标一旦得以阐明，就可以作为推动力，激励员工和其他利益相关者。

第七章
GPS 原则 3：核心价值观

> 若内心缺乏恒定的目标，人们将在变迁中颠沛流离。适应变迁的核心原则便是对自己的本质、核心和价值的坚守。
> ——史蒂芬·柯维

GPS 1：愿景

GPS 2：核心目标

GPS 3：核心价值观

GPS 4：黄金目标

GPS 5：企训

核心价值观的定义

核心价值观指的是为了实现组织愿景和核心目标,组织必须采用并坚守的重要价值观。如果核心价值观真正融入组织的文化和基因,对实现愿景和核心目标大有裨益。

至关重要

许多组织在制订价值观时总是以创始人、时任首席执行官或领导团队的重要理念为准则。忠于和坚守价值观对人生和组织都很重要,但并不代表这些重要理念能成为核心价值观。

请您的领导团队回答:"如果要实现愿景和核心目标,是不是非要阐明这条价值观不可?"针对组织制订的每条价值观都询问同样的问题,看答案是"当然了"还是"不见得"。这个过程非常重要。

请您的领导团队再回答一个问题："什么样的核心价值观，即使没有融入企业文化和基因，也会阻碍愿景的实现？"

某组织希望把六条核心价值观精减至五条。激烈讨论后，组织团队得出结论，这六条价值观同样重要，缺一不可。这个讨论过程让这六条核心价值观之间的联系更为紧密，并成为团队的强大动力。

有一家广播电台，老员工奉行原有的价值观，大部分新员工则奉行另一套价值观。这让首席执行官陷入两难——究竟哪一套价值观更合适？是将两者结合，还是整体更新？

一旦首席执行官理解了核心价值观的定义，一切都会迎刃而解。答案是采用对实现组织愿景至关重要的价值观。这为未来的商讨和核心价值观的选择打下了坚实的基础。

塑造组织文化和基因

随着价值观的阐明，并逐渐融入组织的基因，包括绩效管理和评估体系当中，这些价值观将开始培育和塑造新的组织文化。

首席执行官和领导团队需要强调并支持选定的价值观

和相关行为准则，帮助其融入组织的基因，以培育和塑造新的组织文化。这样一来，选定的价值观和相关行为准则就会成为文化规范。

制药巨头默克公司在官网上这样评价其核心价值观："这些价值观决定了我们与客户和商业伙伴的日常活动，也决定了我们的团队合作。"默克公司不仅清楚地制订并阐明了核心价值观，还将其融入公司的基因，用以规范员工的日常行为。

高度契合

有人说，诚信和团队合作这类价值观比比皆是，为什么还要把它们纳入组织的价值观呢？答案如下。

首先，诚信和团队合作对于组织实现愿景而言至关重要。针对每条价值观，我们都要提出类似问题："这一价值观对于实现组织愿景和核心目标是否不可或缺？"

其次，相同的词语对不同的组织有不同的含义。譬如，如果组织采取下一步措施，制订若干条行为准则以体现这条价值观，然后将其纳入组织价值体系，那么，即便价值观相同，对不同的组织而言也会有不同的含义。只有员工理解了核心价值观的含义后，价值观才能真正融入组织，令组织焕发活力。因此，制订与每条价值观相关的行为准则至关重要。

最后，整合这些选定的价值观，让它们与组织的契合度更高。整合后的价值观，包括每条行为准则，能让组织在同行中脱颖而出。

诺基亚在官网上这样评价其核心价值观："本公司的价值观让我们与众不同。它们为行为一致指明了方向……它们是公司文化发展和运营模式的基础。"

价值观别具一格

某中型专业公司将价值观定为"卓越、品质、专业、诚信和团队合作"，但这样做未能帮助该公司从同行中脱颖而出。虽然其中大部分价值观对所有优秀的专业公司十分重要，但若要实现愿景，其他价值观可能更为重要。

要想帮助组织塑造文化和基因，走向差异化的未来，价值观至少包括以下词语中的一种：热情、积极、个性、责任心。

选定的价值观需要与组织愿景与核心目标协调一致。

内外视角

制订价值观时，大多数组织会从内部入手。但核心价值观对外部环境的作用同样不容忽视，客户和其他外部利益相关者可以让组织和员工对选定的价值观负责。

一些组织的名片上印有核心价值观，以确保核心价值观能完全融入组织的外部交流。

检测组织践行价值观程度的方法是，检查组织官网上是否公开其价值观，以及组织是否让客户以核心价值观为准绳监督员工的行为。

简单易记

员工无法向领导、顾客或其他人说清楚组织的核心价值观，意味着核心价值观未能完全融入组织文化，而且员工并不重视它。如果核心价值观与员工脱节，并且不能规范他们的行为，那么核心价值观的制订毫无意义。

对一般组织而言，核心价值观四到六条就足够了。

如果想使核心价值观变得简单易记，进而融入组织文化并指导员工的行为，不妨提取每条核心价值观的第一个字组成一个缩略词。另一种方法是，在每条价值观旁配上图片，做成海报，贴在办公室里。

想象一下，将核心价值观注射到组织文化中

另一种制订核心价值观的方法是，领导展开想象，用注射器将四至六条价值观注射到组织的文化和基因中。您会选择将哪些价值观注射到组织的文化和基因当中呢？还会选择当前的核心价值观吗？

如果您没有选择当前的核心价值观进行注射，那么重新制订和阐明核心价值观已经迫在眉睫。

平衡组织特色与绩效发展

核心价值观应当在塑造组织特色与推动绩效发展之间保持恰当的平衡。偏向任何一方都无法推动组织可持续发展，尽管有些价值观既能彰显组织特色，又能推动绩效发展。

可以通过制作简单的表格来检查核心价值观的主要特

质是否偏向一方，如表7-1所示。

表7-1 检查核心价值观是否偏向一方

核心价值观	彰显组织特色	推动绩效发展
责任心		√
合作	√	√
同理心	√	
诚信	√	
热情	√	√
专业		√

　　许多非营利性组织没有平衡好两者之间的关系，核心价值观过于偏向组织特色，从而损害了绩效发展。要想使组织受益，就应该维持二者的平衡。

风险文化强劲

　　近年来，全球各地风险管理失败案例不计其数，造成了数亿美元的损失。其中许多失败案例并非由于风险预警系统欠佳或技术能力不足，而是由于风险文化发展不充分。因此，不少组织开始意识到发展风险文化的重要性。

　　如果价值观不能发展风险文化，那么组织文化难免是被动的、机械的。风险文化不佳的组织，员工执行任务时不会全身心投入，或者说并不关切事情正确与否。这样的组织更容易遭遇失败的风险管理。

相反，如果核心价值观完全融入组织，那么"无形的基础"便产生了，可以指导员工的日常行为，以便识别和适当管理风险。当员工支持并遵循核心价值观这一共同理想时，强大风险文化的"无形的基础"便应运而生。

若要检测您的组织是否可能建立起这种"无形的基础"，您应该问："将哪些核心价值观融入组织，才有益于风险文化的繁荣发展呢？"

如果答案不尽人意，强大的风险管理将不可能融入组织文化和基因，主要风险也不可能被识别并得以适当管理。若如此，就应重新审视组织核心价值观。

吸引力和排斥力

对于准备践行核心价值观的人来说，表述明确的核心价值观具有吸引力。而对于不打算在工作中践行核心价值观的人来说，表述明确的核心价值观则具有排斥力。

同样，清晰明确的组织愿景和核心目标将吸引那些渴望加入组织和实现组织愿景的人,吸引那些希望生活目标与组织目标相一致的人。那些自身生活与组织长期发展方向不协调的人,会打消加入组织的念头。

这是一个自我选择的过程,能够节省相当一部分时间、精力和金钱等潜在成本,避免组织招收到不适合的员工。

更多与核心价值观有关的案例

Insync Surveys的组织愿景是成为亚太地区首屈一指的利益相关者调查和咨询专业公司。

该公司的主要竞争对手是大型跨国公司。面对这些竞争对手,Insync Surveys选择直面挑战、奋力拼搏。为了实现愿景,领导团队和员工一致认为,组织必须行事果敢,这至关重要。因此,Insync Surveys将"果敢"选为核心价值观,并将它融入组织基因。

某全球组织举办了一场研讨会,旨在制订和发展核心价值观。经过多次讨论,领导团队和员工发现要想实现愿景,就必须将"服务至上"作为核心价值观。换言之,如果组织的领导团队和员工都以自我为先,或将外部利益相关者视为附庸,组织必将一败涂地。

一个刚刚成立的青年网络传媒组织举办了一场研讨会，以制订核心价值观。经过讨论，其认为将"乐观主义"及"灵感"的价值理念融入组织的基因，组织的初始愿景方能实现。该传媒组织展现给年轻观众的节目内容，或者年轻观众对这家传媒组织的反馈，如果不是积极的、鼓舞人心的，而是负面的、愤世嫉俗的，那么该组织注定无法实现其愿景。

　　西门子公司的核心价值观是：勇担责任、追求卓越、矢志创新。

　　诺基亚公司的核心价值观是：激励员工、共创佳绩、追求创新、以人为本。

　　宝洁公司的核心价值观是：领导才能、主人翁精神、诚实正直、积极求胜、信任。

第七章　GPS 原则3：核心价值观

测一测

1.判断您的组织的核心价值观对实现组织愿景是否有重要作用，对坚守核心目标是否有重要作用。

2.设想您用一支注射器把选定的核心价值观注射到组织文化中，您会选择注入哪四至六条价值观？它们会和现有的核心价值观相同吗？

3.与领导团队讨论您选择的核心价值观能否让组织有别于竞争对手。

4.讨论您确定的核心价值观是否简单易记，考虑利用缩略词或其他方法简化记忆。

5.讨论您的组织的核心价值观是否在彰显组织特色和推动绩效发展之间取得了适当的平衡。

6.确定哪些核心价值观能发展强劲的风险文化，并讨论这些价值观是否已经深入人心，让您对识别并管理主要风险充满信心。

7.检查您确定的核心价值观能否通过GPS原则有效性测试。

第八章
GPS 原则 4：黄金目标

目标是有期限的梦想。
——戴安娜·沙夫·亨特

- GPS 1：愿景
- GPS 2：核心目标
- GPS 3：核心价值观
- GPS 4：黄金目标
- GPS 5：企训

第八章　GPS 原则 4：黄金目标

黄金目标的定义

黄金目标指的是能够鼓舞人心的绝佳目标（例如营业额、门店数量等）。如果组织能在三至五年内实现黄金目标，意味着组织能够大获成功，朝着愿景大步迈进。组织务必阐明黄金目标的内容和实现期限。

并非所有组织都设有黄金目标。表述清晰的组织愿景、核心目标和核心价值观，可以通过GPS原则有效性测试，并为组织提供相应的指导。

黄金目标可以阐明组织的长期发展方向，但是否可以提高员工实现长期目标的专注度和紧迫感？答案是"可以"。

如果一个组织认为未必需要黄金目标，那么，该组织或许应该考虑其愿景是否足以称为愿景。

旅途的中间站

请将黄金目标设为组织旅程的中间站。起点为当下，终点是组织愿景实现之日。这是一种行之有效的方法。实现愿景之旅长路漫漫，树立一个清晰的黄金目标益于组织顺利抵达终点。

如同打高尔夫球，人们通常会想象球和球洞之间有一条线，然后沿着线击球。他们会将树枝、带泥的草或其他东西作为标记物来连接想象中的线，每击一次球，尽可能让球靠近这些标记物。这样一来，高尔夫球、标记物及球洞便自动连点成线。

组织的黄金目标便是这些标记物。当组织实现了黄金目标时，自然而然就向愿景方向迈进了一大步。

如何确立黄金目标

黄金目标通常是组织赢利能力或资本价值的关键驱动力。鲜有组织将赢利设为黄金目标。

组织应当清晰地表述黄金目标，以便定期进行评估。评估方式通常包括以下几种。

- 年度营业额、毛利率或成本收入比。
- 产品数量、项目数量、直营店数量，以及市场分布范围。
- 员工人数、主要客户数量、观众或读者数量。

精心设计的黄金目标能够帮助员工在日常决策中关注组织要务，同时能增强员工工作的紧迫感。

尽管整个组织需要应用一种统一的评估方法，但各个主要部门应该分别设立具体的黄金目标。当然，前提是各部门的黄金目标与组织的黄金目标保持一致。

讨论制订何种黄金目标的过程会使组织受益匪浅，可以增强董事会、首席执行官和领导团队的凝聚力与紧迫感。商讨和发现目标的过程与结果同样重要。

与其他GPS原则协调一致

组织的黄金目标必须与愿景、核心目标和核心价值观协调一致。它们之间的关系是：黄金目标为愿景的实现增加了清晰度，增强了凝聚力和紧迫感；核心价值观有助于黄金目标的实现。

譬如，如果一个组织将黄金目标设为具体的成本收入比，那么人们自然会认为，效率将是该组织愿景的重要组成部分，其核心价值观中至少有一条与提高效率有关。

Insync Surveys的愿景是成为"亚太地区首屈一指的利益相关者的调查和咨询专业公司"，黄金目标是某年营业额要达到2500万美元。这一黄金目标增强了员工的凝聚力和紧迫感。公司各部门都清楚，若要实现公司的黄金目标，它们需要完成的营业额是多少。有助于实现黄金目标的核心价值观是：勇担责任、行事果敢、团结协作、热情洋溢。

有期限的目标催人奋进

精心设计的黄金目标增强了组织及其员工的凝聚力和紧迫感。这些黄金目标具体翔实，并且明确规定了期限。

正如戴安娜·沙夫·亨特所说："目标是有期限的梦想。"为黄金目标制订具体的期限至关重要。缺少期限的目标仅仅是空想，不会增强员工的凝聚力或紧迫感。规定营业额未来达到10亿美元，和规定营业额在某年某月某日之前达到10亿美元，二者之间存在天壤之别。

宏伟、艰难和大胆的目标（BHAG）

1996年，吉姆·柯林斯和杰里·波拉斯共同撰写了一篇名为《建立你的公司愿景》的文章。文中首次提出了"宏伟、艰难和大胆的目标（Big Hairy Audacious Goal，BHAG）"这一术语。

虽然后来许多人沿用BHAG这个术语，但柯林斯和波拉斯提出的BHAG与黄金目标截然不同。而且，人们使用BHAG所表达的意思往往与柯林斯和波拉斯最初的定义有所出入。因此，本书选用"黄金目标"一词，为的是避免读者因为BHAG这一术语具有诸多含义而感到困惑。

与黄金目标有关的案例

某组织的黄金目标是，营业额在五年内由7500万美元增至2.5亿美元。这一黄金目标在初期为领导团队提供了重要动力，并增强了员工的凝聚力和紧迫感，结果黄金目标仅用了四年便得以实现。

某广播电台的黄金目标是，在一定期限内听众达到一定数量。如果该广播电台达到了理想的听众数量并且运营良好，那么营业额、赢利能力等其他目标都将得以实现。

1961年5月25日，美国总统约翰·肯尼迪为美国制订了一个振奋人心的黄金目标。他说："我坚信，全国上下应团结一心，争取在十年内实现这一目标，即宇航员成功登上月球，并能安全返回地球。"1969年7月20日，阿波罗11号指挥官尼尔·阿姆斯特朗成功登上月球。

1990年，沃尔玛将黄金目标设为至2000年时公司营业额达到1250亿美元。2000年时，沃尔玛轻松实现了黄金目标，营业额高达1650亿美元。

测一测

1. 讨论一下您设定的黄金目标是否简洁明了，便于定期评估，是否设有确切的截止日期，并能增强员工的凝聚力和紧迫感。

2. 为什么实现黄金目标对推动组织愿景的实现至关重要？

3. 确定哪些核心价值观对实现黄金目标意义重大。

4. 如果组织规模发展较快，不妨考虑支持各部门制订各自的黄金目标，但要确保这些目标与组织的黄金目标相一致。

第九章
GPS 原则 5：企训

人生最难莫过于自知。
——泰勒斯

- GPS 1：愿景
- GPS 2：核心目标
- GPS 3：核心价值观
- GPS 4：黄金目标
- GPS 5：企训

企训的定义

企训指的是用几个词（通常不超过五个）来描述组织的独到之处或服务内容。这些词一定要能点明组织核心，彰显组织特色，从而激励员工和客户。

并非所有的企业都有黄金目标，同样，并非所有的企业都有企训。制订企训这一简单的过程，将帮助组织更加清晰、深入地了解自身的独特之处和服务内容。企训可以作为简短的营销标语，吸引内外部利益相关者。

回答有关组织利益、关键驱动力及特点的GPS准备阶段的问题，对制订组织的企训大有裨益。

为何要制订企训

精心设计的企训能向组织的员工、客户和其他利益相关者传达强有力的信息。企训应该为各组织所独有，能说明某组织与竞争对手的不同之处。将企训注册为商标是明智之举，可以确保企训不会为他人所用。

首席执行官及领导团队或许希望企训能够强调组织在某一阶段的重要主题。理想状况下，企训的使用期限为三至五年。如果组织在某阶段发生了重大变革，可以适当缩短企训的使用期限。

当企业重塑品牌形象或更新商标时，企训通常会随之更新。企训可以帮助组织打造品牌、找准定位。企训往往出现在组织的商标旁，而商标通常会印在信纸、名片、广告和其他营销材料上。

拟定新企训是组织向员工传递有力信息的绝佳机会，可以让所有员工都参与进来，而不应简单地将这一工作外包给广告公司。即便找了广告公司，组织仍应听取员工的建议，并奖励创意被采纳的员工。

与其他GPS原则协调一致

企训应该与组织的愿景、核心目标和核心价值观保持一致。

Insync Surveys是利益相关者调查和咨询专业公司，核心目标是"帮助组织提高效率",企训是"从答案到行动（from answer to action）"。

通过对客户进行研究,Insync Surveys意识到,提供翔实的调查报告和调查反馈十分重要,提供能够帮助组织提高效率的行动计划也是非常必要的。

Insync Surveys组织愿景中的"……咨询专业公司"与企训中的"……行动"密切相关。有关协作和专业的核心价值观,有助于确保企训"从答案到行动"的承诺真实可靠,得以实施。

企训实例

寥寥数词就可以传递重要信息。譬如,佳能的最新企训是:极优、极简。其言简意赅,却能够向员工和客户传达强有力的信息,即佳能的关注焦点、思考方式、经营方式以及最重要的产品设计理念。

美国丽思·卡尔顿酒店早期的企训是:我们以绅士和淑女的态度为绅士和淑女服务。这则企训相当激励人心。它向员工和客户清楚地传达了积极有力的信息,即丽思·卡尔顿酒店应该如何对待客户及员工,员工之间应该如何相处，员工与客户对待彼此的态度应该如何。

德国宝马公司早期的企训是"纯粹驾驶乐趣"，同样体现了宝马所售产品的精髓，以及它与竞争对手的相异之处。

安飞士汽车租赁公司使用企训"再接再厉"伊始，便起到了号召所有员工的作用。员工干劲十足，为将安飞士打造成业界龙头企业而不懈努力。同样，这一企训像强力磁铁般吸引着客户，因为它迎合了客户的希冀，即客户希望安飞士团队能为他们全力以赴。

好的企训内容应该包括总体优势和组织特色。澳大利亚一家二级会计师事务所的业务遍布全球，规模可观。它所面临的挑战是，如何与四大会计师事务所和其他同行区分开来。许多客户指责大型会计师事务所缺乏组织特色，通常合伙人只负责洽谈工作，年轻员工负责接手完成。针对同行的这种情况，该二级会计师事务所拟将"全球专业知识，本地化热情服务"或"全球专业知识，个性化服务"定为企训。"全球专业知识"强调了大型公司的优势，"个性化服务"则强调了中型企业的优势，后者恰恰是大型企业所不具备的。无论是将企训设为"全球专业知识，本地化热情服务"还是"全球专业知识，个性化服务"，不难想象，组织的核心价值观都将包含以下内容之一：热情、魅力、亲近客户。

注意事项

从长远来看，市场营销团队或广告公司制订的企训，只有得到组织首席执行官、领导团队和员工的认可和践行，才能彰显作用。如果企训没有真正融入组织的文化、基因，客户和员工将会有所感知，组织的品牌形象也将受损。仅重视对企训的宣传，能带来短期的成功，但从中长期来看，组织信誉和品牌形象难免会蒙受损失。

对外宣传时，企训应成为组织对客户的承诺，而不仅仅是市场营销用语。企训必须具备连贯性、真实性和一致性。

测一测

1. 让所有员工参与到拟定企训的过程中来,并设置最佳创意奖和创意采纳奖。

2. 与领导团队讨论如何利用企训使自己的组织在同行中脱颖而出。

3. 讨论组织企训如何与愿景和核心目标保持一致。

4. 确定对塑造组织基因最重要的核心价值观,以保证企训中的承诺得以兑现。

5. 确保组织的企训真正融入组织的文化和基因,而非仅仅是吸引客户的营销用语。

第十章
制订和阐明 GPS 原则

> 我虽不赞同一味地删繁就简,却甘为追求极简而献身。
> ——温德尔·霍姆斯

第十章 制订和阐明 GPS 原则

利用空闲时间仓促制订的GPS原则，不会有太大价值。然而，员工和其他利益相关者共同参与制订的GPS原则，会使他们愿为之鞠躬尽瘁。

筹划、制订和阐明组织的GPS原则可能会耗时几个月。这是一个发现新想法、新启示、新观念的历程。这些新想法、新启示、新观念可能源于各个层级的员工，也可能来自组织的其他利益相关者，比如客户。

这一过程涉及巩固、改进和发展这些新想法、新启示和新观念，还涉及与组织员工和其他利益相关者检测阐明GPS原则的新方法。

在过程中组织领导者必须抓住员工的心理。许多组织善于调动员工的理性思维，但若想激励、鼓舞员工，则要调动他们的心灵和情感。

制订、传达和贯彻GPS原则的全过程共有五步，即制订、阐述、成文、传达、融入。本章及下一章将对此进行详述。

制订组织的GPS原则

第一步是制订GPS原则。

制订GPS原则时,重在以开放的心态采纳员工的新想法和新观念。如果您负责引导这一过程,却先入为主或者固执己见,那么您和团队将无法从这一过程中获得任何好处。

如果您乐于采纳以简化繁的新思想和新方法,那么组织将受益无穷。请谨记:您和员工制订的五项宣言应该在30个词语左右,能够为组织未来三至五年内的所有主要计划、决策、行动和信息传递提供指导。

在制订GPS原则阶段需要考虑的内容主要如下:

·领导团队对GPS准备阶段问题的回答,能反映出组织拟定的策略和业务计划的本质内容;

·对员工、客户和其他利益相关者的调查;

·焦点问题小组、头脑风暴会议的讨论结果以及员工代表的意见。

请让所有员工至少参与一部分上述活动,这样一来,GPS原则一经推广,便能得到员工的大力支持,从而带来巨大收益。要让所有员工了解制订GPS原则主要步骤的时间安排,包括哪些环节需要员工或员工代表参与。

有人认为,在企业的日常工作中,没有足够的时间让员工参与上述过程。这些人通常会为公司业务忙得焦头烂额，没能将时间用在刀刃上。他们急于求成，很可能会取消或缩短员工参与的过程，导致员工缺乏对GPS原则的认同感。

某大型跨国公司常年业绩不佳，于是决定解聘首席执行官。新任首席执行官独断专行，自行制订并直接颁布了新的组织愿景。然而，员工压根儿不买账，不再尊重首席执行官，也不接受他的领导。这是因为，在制订事关组织未来的愿景时，首席执行官自始至终没有给过员工发表意见的机会。

阐述GPS原则

制订GPS原则之后，要将其清晰地阐述出来。

要将制订阶段的想法和建议提取出来，拟成草案备用。头脑风暴会议、焦点问题小组和反馈会议的意见可用于修订GPS原则草案。

回答GPS准备阶段问题和清晰地阐述GPS原则，表面上看似乎很容易，但若想对每条意见都做出明确且简洁的回馈，就得反复修改草案，需要付出长时间的艰苦的脑力劳动。

行之有效的方法是，反复修改GPS准备阶段问题的答案和GPS原则草案，使草案更简洁、更清晰。反复讨论和不断完善草案，旨在确保清晰地阐述GPS原则。

如果这一过程顺利完成，将挑战传统思维，团结所有相关人员，组织也将翻开新的篇章。参与GPS原则制订和阐述过程的员工将更深入地了解组织，与组织建立更深层次的联系，会更好地了解组织之间的差异所在。

成文

制订和修改GPS原则草案后，首席执行官、领导团队和董事会或理事机构应该做以下工作。

1.确定需要对组织的战略和商业计划做出哪些变更，以便与拟定的GPS原则保持一致。这将涉及将拟定的GPS原则与对GPS准备阶段问题的反馈进行比较。

2.了解执行新战略和商业计划需要采取哪些主要步骤，包括上条所述的变更措施，并确定采取这些步骤和进行变更的时间、人员和其他成本。

3.确保组织准备好采取上条中提到的步骤，即采取变更措施，投入时间和资源。

GPS原则将对组织确立长期发展方向起到举足轻重的作

用，因此在GPS原则最终成文之前，充分考虑所需的成本和变更管理是至关重要的。确保组织的新战略和商业计划与新的GPS原则协调一致，这一点同等重要。前文章节对此已有所阐述。

只有完成上述步骤，GPS原则方能最终成文，在若干年后再次评估前不得变更。成文之后，组织应该将GPS原则传达给员工和其他利益相关者，并融入组织的计划、行动和信息中，详情请见本书后续章节。

切勿不切实际

组织制订的GPS原则可以影响和塑造组织文化，并推动完成组织计划、项目、流程、决策、行动和信息传递。至关重要的是，组织制订的GPS原则应当切实可行。GPS原则需要适当发挥激励员工的作用，因此制订GPS原则是一项极具挑战的任务。

如果组织的GPS原则不切实际，就会大大挫伤员工的积极性。若要使GPS原则切实可行，领导团队必须能清楚地解释组织愿景的实现路径，尽管这一过程任重而道远。

一个澳大利亚小型组织的愿景是"成为全球领先的高

管招聘公司"。该公司在国内招聘领域颇有成就，但它没能阐明如何成为全球招聘行业的领军者。

若想成为全球领先的高管招聘公司，其需要在全球许多重要城市设立高端、专业的办公点，创建自己的高薪人才网络，还需要具备出色的研究能力。如果该公司不具备办公点网络，则需要与具备办公点网络的招聘公司合作，以便从全球招聘行业中分一杯羹。

如果一个组织不具备规划能力、财务能力或其他能力，却在很长一段时间内不断强调宏伟愿景，便会让员工产生挫败感。员工和其他利益相关者有权要求组织的愿景、长期计划和言行保持一致。

21世纪初，一家澳大利亚大型银行将愿景设为"成为全球领先的金融服务集团"。这家银行的资本有限，按全球标准来说规模较小，成为全球领先的商业银行都是天方夜谭，更不用说成为全球领先的金融服务集团了。这种不切实际的愿景导致这家银行做出了一系列糟糕的战略决策。

认真对待传达给员工的消息

谈及对组织愿景、使命和价值观草案的担忧时，一家专业公司的合伙人表示："别担心，我们目前只对内公开，尚未对外宣传。"令人遗憾的是，许多领导者与这位合伙人一样，更重视向客户和其他外部利益相关者传达的信息，而轻视向员工传达的信息。

员工是联系组织和客户的主要信使和重要纽带。与其他各种媒介传达的营销信息相比，员工不断传达给客户的信息通常能深刻影响客户的判断。

相较于向客户传达不当信息，组织向员工传达不当信息的成本可能更高，破坏性更强。永远不要低估向员工阐明信息所产生的作用和回报。请谨记：员工是保证日常活动和商业计划、战略计划、GPS原则协调一致的关键因素。如果想激励员工，使其保持高业绩水平，组织需要确保员工对GPS原则有认同感，有奉献精神。

测一测

1. 与领导团队讨论重新制订和发布GPS原则的适当时机，并制订相应的计划，即便这一工作并不是当前的紧急任务。

2. 让所有员工参与到制订新GPS原则的工作中来。

3. 在向客户和其他外部利益相关者传递信息方面，确定组织应当投入的时间、金钱和精力，并在GPS原则制订和融入方面，考虑拟投入资金是否充足。

4. 与董事会、首席执行官和领导团队一起，执行本章中的三个步骤，使GPS原则最终成文。

5. 就如何实现组织愿景与领导团队达成共识。切忌不切实际。

第十一章
GPS 原则的传达和融入

重复是学习之母。
——拉丁谚语

许多组织只知道传达GPS原则，却没有投入更多精力将GPS原则融入思想、行动和文化，更谈不上使GPS原则永葆生机了。

GPS原则的传达和融入是一个持续的过程。仅仅把GPS原则简单地说一遍，就希望员工了解并支持它是不现实的，正如一句拉丁谚语所说："重复是学习之母。"

传达GPS原则

必须将组织的GPS原则准确高效地传达给员工。如果员工部分参与了GPS原则的制订过程，那么他们一定会迫不及待地想亲眼看到、亲耳听到GPS原则的最终版本。这就为GPS原则的传达提供了一个新的契机。这需要组织适当投入时间、金钱和精力。

由于GPS原则将塑造组织的文化和基因，并指导所有员工的主要决策和行为，因此投入大量时间、金钱和精力推广GPS原则,将在未来几年内赢得收益。

遗憾的是,许多组织通常将更多的投资放在与外部利益相关者的沟通上(如营销、宣传、公关),而没有放在向内部利益相关者传达GPS原则上。事实上,向员工传达高效的GPS原则所带来的回报要比向外部利益相关者传达收获的回报更多。

组织可以通过海报、卡片、图像、视频和其他形式传达精心设计的GPS原则。组织的愿景、核心目标和核心价值观可以印在名片大小的卡片上,分发给所有员工。在传达过程中,组织可以讲述适当的故事,列出适当的示例,以着重强调GPS原则中的主要概念。

首席执行官和领导团队需要选择时机在讨论会上传达GPS原则,将讨论内容向下传达给所有员工。组织的所有员工在这一重要过程中都要获得参与感。

确保GPS原则相互一致且融入组织是一个持续的过程

确保GPS原则相互一致,并将其融入组织的计划、项目、流程、决策、行为、行动以及信息中,是一个持续的过程。

您需要反复思考以下问题。

・组织的GPS原则是否一致？GPS框架下层模块内容是否相互匹配？它们是否与上层模块相互一致？

・组织的GPS原则是否融入组织？组织在传达GPS原则时和日常活动中是否能确保其愿景、核心目标、核心价值观、黄金目标和企训得到强调、相互联系并融入组织的系统、流程、决策、行动和行为中？

融入GPS原则

传达的过程仅仅是开始，最终目标是将GPS原则融入组织的文化和基因，使其成为组织成员日常交流和思考的方式，以确保所有的计划、项目、决策、行动、行为和信息与GPS原则保持一致、相互联系。

这需要领导团队全力以赴并持之以恒。相较于员工，领导团队更应该将GPS原则放在首位。一旦适应了这种模式，GPS原则就会成为领导团队的思考方式、行为方式，成为信息传递的重要组成部分。

将GPS原则融入组织需要对组织的系统和流程进行变

更，涉及员工入职、评估和绩效管理系统。

GPS原则是新员工入职培训的重要内容。新员工若不知道组织存在的意义、愿景或核心价值观，组织便很难对其产生向心力。培训几周后，他们通常能了解许多有关组织策略和活动的重要事项，但仍不了解组织的GPS原则（即组织长期规划或发展的参考目标）。

只有将核心价值观付诸行动，才能使之融入组织。为了检测核心价值观是否已很好地融入组织，针对每条价值观，组织可以确立三个可接受的行为及三个不可接受的行为，并让合适的员工代表以小组形式参与到可接受和不可接受行为的确定当中。

请将这些价值观以及可接受和不可接受的行为在组织内部的网页上列明，并制成海报张贴在组织的办公室里。可接受的行为应该融入组织的绩效管理系统、评估系统以及领导力发展计划之中。评估系统和管理层要肯定和嘉奖践行组织价值观的模范员工。

组织应鼓励员工向客户介绍组织的GPS原则，并在建议书、投标书和相关文件中加入适当的相关内容。组织可以将GPS原则清楚地公布在官网上，也可以印在名片、组织文件或其他合适的宣传材料上。

管理层应利用一切合理的机会，将当前的项目、计划和决策与组织的GPS原则联系起来。管理层应解释为什么这些特定的项目和计划是实现组织愿景、核心目标、核心价值和黄金目标必不可少的内容。谈及组织的独特之处时，应参考组织的企训。

组织应定期将GPS原则融入所有的内部交流，包括电视、视频会议，团队会议，企业内刊或动态等。组织应该定期报告黄金目标和愿景的实现情况，对过去两三年取得的进展加以说明，并说明未来几个季度或一年内为实现黄金目标需要做些什么，这样可以使员工对日常活动和成就有更为全面的认识。

完成上述工作以及其他相关活动，便能确保将GPS原则融入组织，并保持活力。GPS原则将成为组织日常交流和思考方式，并融入组织的核心、文化和基因。如果GPS原则完全融入组织，将为组织员工之间、关键团队之间关系的质量带来积极影响。

GPS原则融入组织后，员工会像第一章中的泥瓦匠丙一样，备感自豪，会受到组织愿景的鼓舞。GPS原则也会成为员工与他人讨论的工作内容之一。

视野

一旦GPS原则完全融入组织的文化和基因中，员工就能透彻理解GPS原则，进而将所有的主要计划、项目和日常活动与GPS原则联系起来。

如果GPS原则完全融入组织中，且GPS框架中下层模块内容与上层模块相互一致，那么员工将获得清晰的视野，知晓自己的各项活动、各个项目与组织的黄金目标、愿景及核心目标之间的关系。

清晰的视野需要贯穿GPS框架模块内容。

除非组织的某些项目或活动可有可无，对于实现组织的愿景和黄金目标无足轻重，否则，组织中没有员工会问："我们为什么要承接这个项目或花时间参加这些活动？"

确保主要信息相互协调

我们都听过许多董事和首席执行官讲述他们组织长期成功的根本原因。有趣的是，对他们提供的信息进行整合，可以得到几个主题。若将这些主题与他们组织的愿景、核心目标和核心价值观进行比对，通常我们会发现，它们彼此之间没有任何相似之处、关联度或一致性。

在交流讨论长期规划之前，我们不妨自问：对组织的成功而言，如果最重要的是X、Y、Z，那么组织的愿景为何会是A、B、C，核心价值观会是D、E、F、G呢？

如果已经完成了制订、阐明、传达和融入GPS原则的艰巨任务，那么对组织长期成功最重要的因素与组织的愿景、核心目标和核心价值观之间的信息传递将有紧密的联系。

测一测

1.和领导团队讨论所传达的信息是否有固定的主题或立足点,抑或一直在变换主题和立足点。

2.讨论如何在传递重要信息时,使组织的GPS原则成为固定的主题和立足点。

3.投入大量时间、金钱和精力来传达GPS原则。它将在未来数月或数年内带来巨大的收益。

4.与领导团队一同回顾附录四,确保了解各个主要部分。

5.讨论入职系统、评估系统、绩效管理系统和其他相关系统是否包括和反映了组织的GPS原则。

6.与领导团队讨论如下问题。

a.如何使所有计划、项目、流程、决策、行为和消息传递与GPS原则长期保持一致?

b.如何将GPS原则融入组织的文化和基因之中,并使其成为组织的日常交流、思维和信息传递的一部分?

第十二章
领导力的重要性

> 领导者必须选择不会轻易放弃的事业,不畏挫折坚持到底,抓住每次沟通机会交流他们的远大理想。
>
> ——罗莎贝斯·莫斯·坎特

领导的主要任务是激发员工对辉煌未来的信心。高效的GPS原则能够清楚地阐明这一点。高效的董事会、首席执行官和领导团队会一直支持组织追求光明未来。

组织愿景是所有员工都致力于实现的目标。在这一过程中，他们充满干劲，备受鼓舞，当他们参与了愿景的制订过程后，尤为如此。员工将对组织的核心目标充满自豪感，这份自豪感为所有员工的生活增添了意义。

员工会理解什么是核心价值观，理解为什么核心价值观对实现组织愿景至关重要，并且会对核心价值观以及相关行为产生认同感。员工践行核心价值观时会轻松自如，同时期待高管为支持和践行核心价值观身先士卒。

并非只是人力资源团队的任务

许多组织将制订和传达GPS原则的任务委派给人力资源主管或者人力资源团队。只有每一步都得到董事会、首席执行官和领导团队的大力支持，这种做法方能奏效。

人力资源团队可以通过准备卡片、海报，发表演讲来传达GPS原则，但是只有首席执行官和高层领导团队"言出必行"，并且全力支持GPS原则，才能让传达的信息真正鲜活起来。除非首席执行官和高层领导团队以身作则，一直支持、践行和指导GPS原则，否则GPS原则就会逐渐与组织的计划和活动脱节。

员工也是监督者

新任首席执行官上任后不久就询问员工对他的印象，这是一件趣事。其实，印象形成的速度快得令人惊讶。如果新任首席执行官的做法和前任略有差异，或者与员工的习惯有所不同，相关信息很快便会在公司内不胫而走。

这不仅和新任首席执行官的所作所为有关，还和他的不作为有关。一位首席执行官刚就职即批评某位员工在群发公司全体员工的邮件中措辞不当。这条消息迅速传遍公司，虽然首席执行官并未给出任何改正建议，但所有员工都知道了某种说法不应该出现在邮件里。如果那位首席执行官没有发现邮件的问题，又会发生什么呢？这个问题值得思考。这种"不作为"很可能会传递出截然不同的信息。

除非首席执行官和领导团队全力支持，定期宣传GPS原则，并且对实现组织的愿景以及核心目标满怀热情，否则GPS原则永远无法真正融入组织。

领导者，尤其是首席执行官，必须做到言出必行。除非他们支持、践行核心价值观，并且认可和奖励践行核心价值观的模范员工，否则核心价值观永远无法真正融入组织。

领导团队必须团结一致

董事和首席执行官必须确保自己和领导团队团结一致，共同支持组织的GPS原则。即便在制订过程中出现了分歧，但是GPS原则一旦成文，他们必须全力支持。

如果领导团队不能团结一致，共同支持组织的GPS原则，那么组织的战略和商业计划就不可能与GPS原则保持一致。

如果领导团队缺乏凝聚力，则会对组织文化产生负面影响。倘若领导团队长期意见不合，就会成为组织文化常态，成为大家认可和接受的现象。这样会导致组织内部无法达成一致意见，譬如言行不一，决策时犹豫不决，大家相互责怪，缺乏责任感。

如果组织的GPS原则得以顺利制订，就会减少出现意见不合或缺乏支持的现象。如果有员工不能或者因为某些原因不愿意支持组织的GPS原则，那么组织最好让其离开。

关于清晰愿景的交流多多益善

许多人认为关于组织愿景、核心目标及核心价值观的交流讨论不必太多。这种认识是错误的。不要以为您提到过几次GPS原则，员工就会认可GPS原则，或者他们就会对GPS原则的所有内容了如指掌。

领导团队必须清晰地掌握每条GPS原则，能对任何相关提问做出一致的答复。针对组织的各个主要决策和项目如何与GPS原则保持一致，又如何与GPS原则相互配合的问题，所有的领导者也必须给出一致的答复。组织员工也要能清晰地解释为什么各个重要决策和重大项目都会对组织实现长期目标产生重要作用。

领导者应该鼓励员工开展有关组织长期目标以及如何让战略、项目、计划、决策与目标保持协调一致的讨论。

只有清晰阐明、定期传递信息和开展讨论，并保持前后一致，员工才能清楚理解组织愿景。首席执行官和领导团队应该不遗余力地寻找新方法，不断巩固GPS原则。组织越壮大，分布范围越广，这项工作就越重要。首席执行官在整个领导团队的支持下，持续将清晰阐明、前后一致的信息下达给员工，对分布广泛的大型组织意义非凡。

诚信第一，服务至上

高效的GPS原则为组织设置了严格的要求。任何与组织GPS原则不一致的部分都会显得格外突兀，需要加以调整。组织信息传递、计划、项目、流程、决策、活动和行为中与GPS原则不一致的部分也显而易见。

领导者的行动只有前后一致，才能被视为真实可信。他们的行动必须与组织的GPS原则始终保持相互协调。

一旦首席执行官、领导团队和员工为组织共同制订、执行GPS原则并且希望以此来收获明朗而理想的未来，他们的工作便会迎来美好的前景。在此过程中，他们的能力，尤其是实现战略和商业计划的能力，会得到很大提升。

组织的大部分工作是由基层员工完成的。首席执行官和领导团队的主要工作是为员工和组织服务，而不是员工要为其服务。首席执行官面临的首要问题是："如何才能使长期发展方向更明晰？如何才能激励员工，增强员工的权能和工作的紧迫感？如何才能提高员工执行计划的能力？"

第十二章 领导力的重要性

测一测

1.讨论董事会、首席执行官和领导团队支持组织GPS原则的程度。

2.确保所有的领导者都支持GPS原则,自上而下向组织各层级、各部门传达GPS原则,并在对外宣传GPS原则的工作中承担重要角色。

3.充分传达与交流GPS原则,尤其是在GPS原则发布的早期。

4.如何确保每位领导都为执行组织核心价值观设置了高标准,并且率先践行核心价值观?他们该如何为践行组织的核心价值观各司其职?

第十三章
董事会或理事机构的角色

决定我们去向的,不是风往哪儿吹,而是我们如何扬帆起航。

——吉姆·罗恩

第十三章　董事会或理事机构的角色

领导力的主要作用在于扬起风帆，确定组织的发展方向，让员工信心满满地打造辉煌未来。确保组织发展方向明确并集中力量走向辉煌未来，这一责任最终要由董事会和理事机构担负。

董事会可以在这方面为组织创造重要价值。

大多数董事会都希望花更多时间考虑和讨论组织的长期战略发展方向，而不愿耗时制订规章制度和思考日常问题。

董事会或理事机构的角色

董事会成员通常不亲自参与到组织的日常运营中，因此他们能以更开阔、更长远、更具有战略意义的视角来思考问题。

愿景和核心目标

就组织的愿景和核心目标而言，董事会各成员之间、董事会与领导团队之间要达成一致意见，心向一处。

长期发展方向和目标是组织战略计划和商业计划的基石，因此二者的清晰度至关重要。如果董事会成员之间或董事会与领导团队之间无法就组织的长期发展方向和目标达成一致，对组织来说就是灾难。

对GPS原则准备阶段问题的看法，董事会成员需要开动脑筋：如何表述才能让他们彼此之间以及他们与领导团队之间达成一致意见？

如果董事会成员适当参与组织GPS原则的制订和商讨过程，公司上下就能达成共识，制订出清楚明确的GPS原则。

因为董事会成员参与了GPS原则的制订过程，所以他们对组织及其核心竞争力、与竞争对手的差异和核心特点就会有更为深刻的理解。董事会独特的见解和视野，可以给GPS原则的制订带来很大便利。

核心价值观

组织的文化和基因具有强大驱动力,可以让组织的名誉和绩效受益无穷,也可以让其损失惨重。

董事会对组织文化和基因的影响力远远超过许多成员的想象。影响力主要体现在以下四个方面。

1.为组织的声誉和绩效设定高标准,并树立良好榜样。

2.确立清晰的战略方向并对组织的绩效负责。

3.对既定的核心价值观及其融入组织的方式产生影响。

4.选定、培养和指导首席执行官并对其业绩进行管理,首席执行官的价值观需与组织核心价值观相一致。

董事会通过设立衡量标准来明确组织的发展方向、声誉和业绩,并最终确定可接受行为和不可接受行为。董事会主持会议的方式、董事之间及其与管理层之间的互动方式、董事的行为方式及其模范作用都会影响管理层自身的行为方式,而管理层自身的行为方式对组织文化又会产生重大影响。

董事应积极参与组织GPS原则的制订和确立过程,包括参与选定组织的核心价值观。组织的核心价值观需融入企业文化中,因此必须适当得体。董事会还应确保采取高效策略,将核心价值观和其他GPS原则融入组织文化。

首席执行官对组织文化的影响力最大。董事会选定首席执行官后，一般由董事长和薪酬委员会来培养和指导首席执行官，并对其绩效进行管理。这是董事会对组织文化和价值观产生重大影响的另一种方式。

黄金目标

通过顺利实现具有挑战性的黄金目标并制订一个清晰且适当的时间表，董事会可以提高组织实现长期目标的专注度和紧迫感。他们应当确保采用最合适的衡量标准，并制订适当的任务量。

企训

董事会要从多个角度看待组织的独特之处、核心、基因及其为客户和其他利益相关者提供的主要利益。

董事会需要确保企训真实可靠、切实可行，而不仅仅是营销口号。

一致性

仅凭董事会确定所有的组织活动和进行消息传递是不切实际的。但是董事会可以确保这一过程井然有序,让所有的计划、项目、流程、决策、行动、行为和信息传递与完善的GPS原则保持一致。

董事会应当对员工进行调查,以衡量员工的计划、行动、行为与组织愿景、核心目标、核心价值观、战略计划之间的契合程度。这将在下一章中进行介绍。

测一测

1.讨论董事会是否已适度参与组织GPS原则的制订和确立过程。

2.如果董事会认为有必要更新当前的GPS原则，就要列出制订和讨论的时间表。

3.针对GPS原则准备阶段问题的答案和各项GPS原则的阐述，董事会和管理层的观点应一致。

董事会应从管理层处获取信息，了解GPS原则融入组织的程度。

通常情况下，董事会对员工进行一致性和参与度调查后，便能根据调查结果判断GPS原则融入组织的程度。这将在下一章中进行详述。

第十四章
检测 GPS 原则的有效性

只有充分了解,做起来才会得心应手。
——汤姆·狄马克

第十四章　检测 GPS 原则的有效性

GPS原则的积极影响并不一致

　　GPS原则的清晰度及其融入组织文化、基因的程度很难统一，在组织地理位置分散的情况下尤为如此，原因如下。

　　不同国家有着不同的文化和行为习惯。不同国家的员工从生活到工作方式都存在差异。即便在同一国家，处于不同地区的人们，其思维模式和行为方式也有很大不同。

　　只要组织的行为与核心价值观保持一致，那么允许并鼓励本地文化适度影响当地的组织文化就显得顺理成章了。

　　同理，如果同一组织的领导者来自不同国家、地区或者来自不同的子公司或部门，他们的性格、领导力和影响力也会大为不同。他们对GPS原则的支持程度、为GPS原则融入组织所做的努力以及信息传递的有效性，都影响着GPS原则对公司的效用。

　　无论人们所处地域是否相同，人们对语句的理解都存在着差异。来自外部环境的压力会影响信息的适用范围和作用，同样会影响员工对这些信息的接受程度。

以上因素说明，GPS原则在整个组织中并非一致有效。上述因素强调了下列行为的重要性。

·确保组织的领导团队都支持GPS原则，并对GPS原则有一致的理解。

·确保组织的所有员工对GPS原则的理解相一致。

·确保领导者担起责任，让GPS原则完全融入组织，并确保员工高度支持GPS原则。

GPS原则中所规定的发展方向、核心价值观及组织行为都是不容商量、必须接受的。这为领导者和员工展现自我风格、融入本地文化留下了充足的空间。

检测GPS原则的有效性

首席执行官及领导团队都会充分参与组织的运营，他们会理所当然地以为，组织的各部门都已经深刻理解了GPS原则，且该原则已经充分融入组织，并得到了高效的实施。然而，事实并非如此。

通过观察以及和员工谈话，绝大部分首席执行官和领导者都能对组织GPS原则的有效性形成表层认识。但是如果组织中有五十多名员工，那就无法用这种方式知晓GPS原则

第十四章　检测 GPS 原则的有效性

的有效性了。

董事会、首席执行官以及领导团队应该设立一个客观的标准，衡量组织上下对 GPS 原则的理解程度，领导者对 GPS 原则的坚守程度，包括核心价值观在内的 GPS 原则与组织文化和基因的相融程度。

针对整个组织的不同部门，检测 GPS 原则有效性最有用的方法是：精心设计一份关于员工一致性和敬业度的调查问卷。

一份精心设计的调查问卷应当包含以下内容。

· 收集所有员工的意见和想法。

· 开展匿名调查，增强调查的公正性。调查通常由第三方完成。

· 衡量 GPS 原则的清晰度，领导的支持度，员工的参与度及 GPS 原则与行动、行为、过程、项目和决策等组织活动的一致程度，还需衡量高管和人事经理的领导力和模范作用。

· 进行适当的人口统计，根据地域、资历和部门对员工的意见进行分组，以便按照合理的分组进行分析和报告。

· 询问精心设计的调查问题，让上述小组自由回答。确保调查问题顺畅自然，便于员工回答。一般进行线上调查，保证员工在 20 分钟内可以完成。

· 精心设计调查报告，将组织调查结果的评判标准与其他同类组织的标准进行对比。

调查结果可以显示组织有哪些优势。部门上下应该了解这些优势，并最大限度地加以利用。

调查还能确定哪些地方有待改进。组织应制订行动计划，主动采取行动处理需要改进的问题。

部分改进措施可能适用于整个组织，而其他改进措施可能只适用于特定部门。对于所有改进措施，都需要给出具体的责任划分和时间规划。

第十四章　检测 GPS 原则的有效性

测一测

1. 与领导团队讨论在整个组织中统一施行GPS原则的难点。

2. 罗列可采取的行动，确保GPS原则顺利融入整个组织。

3. 基于定期问卷调查，确定一个时间，让董事会、首席执行官及领导团队都了解组织GPS原则的融入程度，并确保制订出适当的行动计划，合理分配责任，以处理差异化问题。

4. 确保对员工的调查能够检测GPS原则的清晰度、组织活动与GPS原则的一致性以及员工的参与度。

第十五章
不同组织和部门的 GPS 原则

领导力决定组织的成败。
——摩萨·索诺

第十五章　不同组织和部门的 GPS 原则

可能有人会说，GPS原则在很多情况下不合时宜，很多人可能仅是敷衍地同意你的观点。其实，既然领导力能起到激励和调动员工自信心，以追求光明未来的作用，那么为何不制订鼓舞人心的GPS原则，从而清晰阐述领导力的作用呢？

本书中的GPS框架和概念适用于所有类型的组织，包括私营企业、上市公司、政府、非营利性组织、协会和其他组织。无论组织处于初创期还是成熟期，无论是总公司、子公司还是各部门，都适用GPS原则。

GPS原则也适用于有特殊目标的组织，其经营期限较短，只有两三年。这些组织制订愿景、核心目标和核心价值观，用于指导员工的计划、决策和行为。此外，这些组织还将制订黄金目标和企训，并从中获益。

初创组织

对于初创组织而言，回答GPS准备阶段的问题并制订和阐明自己的GPS原则有诸多好处，如下所示。

- 能提高组织计划的清晰度，展示组织的与众不同之处，以及组织一旦取得成功，渴望树立的形象。
- 企业家们不得不考量组织的核心目标，因为核心目标追求的不只是赢利，还有更为深远的意义。当他们清晰地阐述愿景和核心目标时，任何与之不一致的计划都会暴露出来，甚至可能需要更改拟定的公司名称。
- 开展新业务之前是确定核心价值观的最佳时机。如果此时还未确定核心价值观，将导致组织陷入困境或失败，因此及时确定核心价值观是十分重要的。
- 制订黄金目标可以为实现组织愿景增加凝聚力和紧迫感。
- 制订企训可以帮助初创组织思考自己的独特之处，以及与竞争对手的差异。

政府部门及组织机构

本书中的概念对于澳大利亚政府部门和组织机构的领导者而言是很有用的。研究表明，澳大利亚政府部门的员工参与度和员工晋升程度处于最低水平。正是这些政府部门，最需要高效的GPS原则为其描绘一幅激励人心的蓝图，帮助其明确组织的意义和目标，并提高员工的自豪感。这些政府部门的业务只能受益于为政府项目定制的清晰的GPS原则。

一些政府部门为自己确立的目标感到自豪，希望创造更为美好的未来。这些部门已经将高效GPS原则的全部或部分内容融入其文化和基因。

子公司和各部门

许多大型公司的子公司和各部门将受益于自己制订的全部或部分GPS原则。其主要规则是，子公司和各部门的GPS原则必须完全保持一致，并且绝对不能与整个组织GPS原则中的任何部分相违背。

对于大多数子公司和运营部门来说，设定自己的黄金目标，并确保它与组织的整体黄金目标保持一致，是合适的做法。这将明确子公司和各部门为帮助组织实现其黄金目标必须完成哪些任务，从而增强其凝聚力和紧迫感。

某大型团队为其会计部门制订并阐明了一个目标，利用它来有效地激励员工和提高团队的自豪感，从而完成更为重要的工作。他们认为没有必要为任何部门单独制订GPS原则。

如果没有充分的理由和明显的好处，组织就没有必要另外制订GPS原则或更改其中某些部分。

第十五章　不同组织和部门的 GPS 原则

测一测

1.思考子公司或各部门能否从自己制订的独特 GPS 原则或其组成部分中受益。子公司或各部门的 GPS 原则保持一致，这通常是合适的做法。

2.在为子公司或各部门制订单独的 GPS 原则或其他相关内容之前，首先找到充分的理由和明显的好处。

3.确保所有单独的 GPS 原则具有一致性，并且绝不会与整个组织的 GPS 原则相矛盾。

第十六章
想象一下完美的 GPS 原则

假如我们坚持不懈，那么
追求完美就不再是一种行为，
而成了一种习惯。
　　　——亚里士多德

清楚的愿景和价值观对实现目标具有非常重要的意义。拥有这两点的组织能用简单易记的方式概括出引人注目且鼓舞人心的GPS原则。

完美的GPS原则，值得追求

如果阐明的中期目标是固定的、鼓舞人心的、具有挑战性的，那它势必将提高员工工作的关注度和紧迫感。

想象一下，如果组织GPS原则的核心内容清晰明了，那么将通过简单易记的寥寥数词鼓舞组织的员工、客户和其他利益相关者。

想象一下，如果董事会全体成员、首席执行官和领导团队对组织的GPS原则都清楚明了并充满热情，那他们都将持之以恒地支持GPS原则。

想象一下，如果董事会全体成员、首席执行官和领导团队言出必行，在践行核心价值观时发挥模范带头作用，那么，在他们的领导下，所有员工必将受到鼓舞。

想象一下，所有员工和其他利益相关者都热情参与并且十分了解GPS原则，那么，他们将确保组织的流程、系统、项目以及所有员工的行为与GPS原则协调一致。

想象一下，一旦所有不必要的和不一致的系统、过程、项目、行动和行为都被废除或调整，那么这些内容与组织GPS原则之间的协调一致性将得以确保。

这样一来，言行将保持一致，员工将和谐相处、真诚待人，信任和信心等强烈的情感将随之而来。组织内部泥瓦匠丙型员工的数量将达到最大化。您将实现可持续的高绩效，并出色地实现组织的愿景和黄金目标。

完美的GPS原则，值得追求！

第十六章　想象一下完美的 GPS 原则

测一测

重读本章节，并为组织的GPS原则有效性打分，满分为10分。写下可增强GPS原则有效性的步骤。

附　录

附录一　各条GPS原则的定义

GPS 1：愿景

愿景指的是希望组织在未来五至十年时间内展现的外部形象。

GPS 2：核心目标

核心目标指的是成立组织以及实现组织愿景的核心原因（即创立目的、当前目标以及未来五至十年或更长时间的恒定目标）。

GPS 3：核心价值观

核心价值观指的是为了实现组织愿景和核心目标，组织必须采用并坚守的重要价值观。如果核心价值观真正融入组织的文化和基因，对实现愿景和核心目标大有裨益。

GPS 4：黄金目标

黄金目标指的是能够鼓舞人心的绝佳目标（例如营业额、门店数量等）。如果组织能在三至五年内实现黄金目标，意味着组织能够大获成功，朝着愿景大步迈进。组织务必阐明黄金目标的内容和实现期限。

GPS 5：企训

企训指的是用几个词（通常不超过五个）来描述组织的独到之处或服务内容。这些词一定要能点明组织核心，彰显组织特色，从而激励员工和客户。

附录二 GPS有效性五项测试

有效的GPS原则要通过五项测试。每条GPS原则需通过前两项测试，作为一个整体的GPS原则需要共同通过后三项测试。

1. GPS原则是否清晰明了、简单易记？

2. GPS原则能否调动、鼓舞、激励员工，使他们集中精力？

3. GPS原则能否让您的组织从诸多竞争对手中脱颖而出，增加组织的竞争优势？

4. GPS原则能否指导您的组织传达主要消息，制订计划和项目，遵循流程，做出决策，采取行动和行为？

5. 如果组织的主要信息、计划、项目、流程、决策、行动偏离正轨，GPS原则能予以提醒并有根据地重新指明方向吗？

如果GPS原则没能完全通过有效性五项测试，那就应该重新阐明，直到通过有效性五项测试。之后，请您与领导团队合作，根据GPS有效性测试给GPS原则打分，满分为10分，附录五中列出了具体步骤。

附录三　GPS准备阶段问题

行动（内容、方式、对象及地点）

1.为实现长期目标，组织主要开展了哪些活动？

2.组织主要通过何种方式开展上述活动（例如个人模式、经销模式、互联网模式、内部员工模式、承包商或第三方模式）？

3.组织开展上述活动的对象是谁（即主要客户是谁，主要市场在哪）？

4.组织开展上述活动主要是在什么范围内（即本地、全国、周边国家或全球）？

商业计划（附加资源）

5.要想在未来一年内取得成功，组织需要获得哪些附加资源（例如资产、知识产权、专业知识等）？

战略计划（福利）

6.如果组织的活动开展得十分顺利，组织的主要客户会获得哪些好处？

7.如果组织的活动开展得非常顺利，除客户外，哪些机构和团体也会受益？请说明其将如何受益。

8.与哪些机构或团体合作能让组织利益最大化？请说明主要好处。

战略计划（主要驱动力）

9.除了净利润之外，还有哪些衡量标准与组织的成功息息相关？

10.组织的主要核心竞争力是什么？

11.为实现长期目标，组织需要在哪些方面做到出类拔萃？

战略计划（差异化）

12.组织的主要竞争对手是谁？请说明竞争对手的独特之处。

13.与竞争对手相比，组织为客户提升附加值的方法有哪些？

14.为什么自己比竞争对手收益更佳，生产力水平更高（例如工作量相同时，成本更低，人均销售额更高）？

15.考虑上述情况，组织可以通过哪些方式将自己与竞争对手区分开来？

上述问题的答案示例详见附录五。

附录四 确保GPS原则相互一致且融入组织

确保GPS原则之间相互一致，并将其融入组织的计划、项目、流程、决策、行为、行动以及信息之中，是一个持续的过程。

检查GPS原则的协调性、视野、一致性和融入度时，需要对以下方面进行考察。

· 组织的GPS原则是否协调？GPS框架顶层模块内容是否相互照应？它们是否与下层模块相互协调？只有在GPS原则初次制订或更新时，才需要思考这些问题。

· 组织的GPS原则是否一致？GPS框架下层模块内容是否相互匹配？它们是否与上层模块相互一致？这些问题需要得到持续关注。

· 组织的GPS原则是否融入组织？组织在传达GPS原则和日常活动时能否确保其愿景、核心目标、核心价值观、黄金目标和企训得到强调，相互联系并融入组织的系统、流程、决策、行动和行为中？

· 组织的GPS原则是否视野清晰？是否所有的员工都有清晰的视野，并知晓GPS框架下层模块内容如何与上层模块内容相关联？这个问题也需要得到持续关注。

附录五　一个完美的案例

Insync Surveys的GPS原则

Insync Surveys是澳大利亚一个小型组织，我对该组织很感兴趣。下面我将列出Insync Surveys的GPS原则，并简短解释一下各条GPS原则的制订依据。

下面列出的五条GPS原则虽然字数不多，但它们通过许多不同的方式变得清晰生动，包括：持续传达一致的消息；融入计划、入职、评估和绩效系统，流程及决策中；融入所有员工的思考、讨论、行动和行为中。

愿景： 成为亚太地区首屈一指的利益相关者调查和咨询专业公司

Insync Surveys可为客户提供对员工、客户、董事会和其他利益相关者的咨询调查。它能进行十多项专有调查，是亚太地区最大的专业调查组织之一。它在四十多个国家开展过调查（主要为网上调查），调查语种超过15种。其中许多调查都是根据客户的需求为其量身定制的。它的专业性体现在其行业范围之广和调查类型之多。

Insync Surveys备受客户青睐。该公司官网上的数十封表扬信证明了这一点。它渴望成为亚太地区首屈一指的利益相关者调查和咨询专业公司，并对此满怀信心。

核心目标：帮助组织提高效率

这是Insync Surveys存在的主要意义，对员工非常有激励作用。员工看到客户的效率得到提高，就能从工作中获得成就感。这也是客户与Insync Surveys合作的主要原因。

核心价值观：勇担责任、行事果敢、团结协作和热情洋溢（Accountable,Brave,Collaborative,Passionate and Professional，合称为"ABCPP"）

Insync Surveys认为，如果核心价值观不能融入组织的文化和基因，那它将无法实现自己的愿景与核心目标。这些核心价值观能为Insync Surveys的行为、特点和绩效提供指导，它们是Insync Surveys的生存方式。对于员工而言，根据"ABCPP"记住这些价值观相当容易。

黄金目标：2013年或2014年营业额要达到2500万美元

这个目标十分明确，各个专业部门都知道这个目标虽然具有挑战性，但仍可实现。

企训：从答案到行动（From Answers to Action）

Insync Surveys的业务包括设计调查报告，找出问题，获取反馈（答案），为客户提供建议，让他们知道如何利用这些答案推动行动，从而提高效率。Insync Surveys的企训仅用寥寥数词就描述了组织的业务以及能为客户带来的好处，还与公司的徽标相关联。

对附录二里GPS有效性五项测试的应用

Insync Surveys根据附录二中的GPS有效性五项测试，填写了公司的GPS原则，并以10分制给出了评分，见附表5-1、附表5-2。但在GPS原则制订和融入过程中，很难做到毫无偏见。

附表5-1 测试1、2的评分

各条GPS原则	清晰明了，简洁易记	鼓舞、激励员工，调动员工积极性，使员工集中精力
GPS1愿景	7	8
GPS2核心目标	9	8
GPS3核心价值观	8	8
GPS4黄金目标	9	9
GPS5企训	8	8
总分	8	8

附表5-2 测试3、4、5的评分

所有GPS原则	脱颖而出	为决策、行动等指明方向	警告组织偏离正轨
总分	8	8	7

对附录三中GPS准备阶段问题的回答

下面列出了Insync Surveys对附录三中GPS准备阶段问题的简短回答。

行动（内容、方式、对象及地点）

1.贵公司为实现长期目标主要开展了哪些活动？

以咨询为辅助手段，开展了有关员工、客户、董事会及其他利益相关者的活动。

2.贵公司主要通过何种方式开展上述活动（例如个人模式、经销模式、互联网模式、内部员工模式、承包商或第三方模式）？

主要通过客户组织或经销伙伴。

3.贵公司开展上述活动的对象是谁（即主要客户是谁，主要市场在哪）？

我们目标客户中的大中型组织。

4.贵公司主要在什么范围内开展上述活动（即本地、全国、周边国家或全球）？

在澳大利亚和亚太地区。

商业计划（附加资源）

5.要想在未来一年内取得成功，贵公司需要获得哪些附加资源（例如资产、知识产权、专业知识等）？

公司选定的专业领域方面的业务发展经理。

附 录

战略性计划（福利）

6.如果公司活动开展得十分顺利，贵公司的主要客户会获得哪些好处？

他们能提高效率（根据我们所提供的建议、见解和数据采取措施并从中获益）。

7.如果公司活动开展得非常顺利，除客户外，哪些机构和团体也会受益？请说明它们将如何受益。

咨询公司（当其专业知识符合我方客户的行动计划要求时，我方也会派给其额外的工作）、行业协会（因为我方将为行业协会以及其代表的行业提供研究数据和行业建议）。

8.与哪些机构、协会或团体合作能让公司获得最大利益？请说明主要好处。

大型咨询集团（与高端公司合作能为我们的公司服务增加额外的潜在分销渠道）、相关行业协会（良好的公关和营销）。

战略计划（主要驱动力）

9.除了净利润之外，还有哪些衡量标准与贵公司的成功最为相关？

销售收入

劳动力的成本与销售比

10.贵公司的主要核心竞争力是什么？

数据库管理

自动生成见解深刻的报告

11.为实现长期目标，贵公司需要在哪些方面做到出类拔萃？

公关和营销

产品设计

卓越运营

专业建议

战略计划（差异化）

12.贵公司的主要竞争对手是谁？ 请说明竞争对手的独特之处。

大型数据库对比公司韬睿惠悦（信息储存与检索）

怡安翰威特（市场营销与个人资料服务）

人力综合研究中心（文化调查）

13.与竞争对手相比，贵公司为客户提升附加值的方法有哪些？

行业专业人员，外加专业调查。

定制化服务，高效率和灵活性。

14.为什么贵公司比竞争对手收益更佳，生产力更高（例如工作量相同时，成本更低，人均销售额更高）？

以卓越的运营文化为依托，提供专业的调查和咨询服务。

15.考虑上述情况，贵公司可以通过哪些方式将自己与竞争对手区分开来？

在公司选定的专业领域内，提供最优质的调查产品和咨询服务。

定制化服务，高效率和灵活性。